한국 문화유전자 지도

 이야기로 세상을 바꾼다. 스토리하우스

한국 문화유전자 지도

한국국학진흥원 엮음

프롤로그 6

서울·경기 16
화성 공생염전 – 곰삭음 18
포천 산사원 술 – 곰삭음 24
서울 창덕궁 – 자연스러움 30
강화 마니산 참성단과 강화성당 – 끈기 36
서울 김덕수 사물놀이 – 흥 42
서울 종묘 – 예의 48
서울 난타 전용관 – 역동성 54
수원 화성 무예24기 – 역동성 60

충청 114
서산 해미읍성 – 끈기 116
보령 이문구 – 해학 121
충주 신경림 – 해학 126
충주 탄금대 – 흥 130
아산 이순신 기념관 – 예의 136

전라 240
흑산도 홍어 – 곰삭음 242
담양 소쇄원 – 자연스러움 248
강진 다산초당과 백련사 – 어울림 254
완도 청산도 – 공동체 259
순천 낙안읍성 – 공동체 265
진안 마이산 – 끈기 270
화순 운주사 – 끈기 275
고창 서정주 – 해학 280
진도 씻김굿 – 흥 286
장수 논개사당 – 예의 290
구례 운조루 – 정 295

강원 66
- 강릉 서지 초가뜰 김치 – 곰삭음 68
- 양양 낙산사 – 자연스러움 74
- 강원 고랭지 배추밭 – 어울림 81
- 강릉 단오제 – 어울림 88
- 정선 아우라지 – 공동체 93
- 속초 아바이 마을 – 공동체 99
- 삼척 해신당과 용화해변 – 끈기 104
- 춘천 김유정 – 해학 110

경상 140
- 포항 죽장면 된장 – 곰삭음 142
- 안동 하회마을 – 자연스러움 148
- 경주 남산 – 자연스러움 154
- 부산 감천동마을 – 어울림 160
- 영주 무섬마을 – 공동체 166
- 상주 성석제 – 해학 172
- 경주 경산 자인 – 흥 178
- 울주 반구대 암각화 – 흥 184
- 안동 퇴계 – 예의 189
- 청도 가슬갑사 – 예의 194
- 경주 최 부잣집 – 정 198
- 청송 송소고택 – 정 205
- 남해 바래길 – 정 212
- 포항 포스코 – 역동성 217
- 울산 현대자동차 – 역동성 223
- 하동 화개장터 – 역동성 229
- 하동 평사리 – 정 234

제주 302
- 제주올레 – 어울림 304

 롤로그

사람의 향기, 향기나는 문화

　동물이 지나간 길에는 그 동물의 냄새가 난다. 사람의 후각으로는 인지되지 않지만 천적은 알고 있다. 사람이 걸어온 길에는 사람의 향기가 있다. 아무것도 아니었던 자연이 인간을 만나 새롭게 태어난다. 인간 주변의 자연은 사실 자연 그대로가 아니다. 소나무를 좋아하는 한국인의 주변 산에는 소나무가 많다. 소나무가 많아지면 그에 따라 곤충의 종류가 달라지고 먹이사슬이 변한다. 한국인은 그런 환경 속에서 살고 있다. 그렇게 보면 한국의 산에는 한국인의 향기가 배어 있는 것이다.
　자연과 인간은 닮아간다. 인간은 환경에 적응하여 살아왔고, 자연은 인간에 의해 변형된다. 문화는 인간이 만들었다. 자연은 인간과 만나야만 문화가 된다. 따라서 문화는 인간의 것이다. 모든 문화에는 사람의 향기가 있다. 그것이 문화유전자이다.
　대한민국은 지난 20세기 중반부터 산업화가 본격적으로 진행되면서 한강의 기적을 이루어냈고 도움을 받던 나라에서 이제 도움을 주는 나라로 성장했다. 경이로운 성장에 대해 세계인들이 경탄해마지 않는다. 한국인의 열정이 오늘의 한국을 만든 원동력일 것이다. 한국인의 열정은 경제뿐만 아니라 문화 방면에서도 두각을 나타내고 있다. 중국이나 일본, 그리고 중동지역, 멀리는 유럽지역에까지 한국의 드라마와 음악이 소개되면서 세계인의 공감을 형성하고 있다. 세계인이 한국인의 정이 가득한 가족문화에 공감하고 열정에 감탄하면서 함께 웃고 울며 한국문화를 배우려고 한다. 이즈음에 한국문화에 배어 있는 정과 열정 등의 문화적 근원을 살펴보고 새로운 한류의 가능성을 모색할 필요가 있다.

문화유전자는 생물학적 유전자처럼 이전 세대에서 다음 세대로 완전하게 DNA가 복제된다는 의미로 사용될 수 없다. 문화는 과거부터 현재까지 다양하게 변용되어 왔다. 그러나 이런 중에도 일정하게 지속되는 시간적 연속성을 지니면서 다른 지역의 문화와 구별되는 공간적 차별성 그리고 특정 분야를 넘어 문화 전반에서 공통적으로 확인할 수 있는 사회적 공통성을 지닌 요소들이 있다. 2012년도에 한국국학진흥원에서 실시한 설문조사의 결과로 선정된 '2012년에 주목할 한국인의 10대 문화유전자'는 곰삭음·정·자연스러움·공동체·어울림·해학·흥·예의·역동성·끈기이다. 전문가와 일반인의 설문조사를 거쳐서 나온 것이므로 한국인이라면 누구나 수긍할 수 있는 코드들이다. 어떤 이는 한이 왜 빠졌느냐고 반문할지 모른다. 그러나 1970~1980년대의 설문에서는 한국인의 25% 이상이 한국인의 대표정서로 한을 뽑았지만 2000년대 들어 그 퍼센티지는 4%대로 낮아졌다. 게다가 한과 흥은 동전의 앞뒷면과 같다. 한국인의 열정이 긍정적으로 표현될 때 흥으로 드러나고 부정적으로 나타날 때 한으로 승화된다.

세계인이 공감하는 한류문화의 확산을 지켜보면서 우리 자신을 되돌아보는 계기가 되었다. 우리는 우리 자신을 너무나 모르고 있다. 나는 누구인가? 한국인은 어떤 사람들인가? 한국인의 정체성은 무엇인가? 아는 것이 힘이라 하였다. 나를 알고 적을 알면 실패할 일이 없다. 나, 그리고 한국인을 알고자 한다면 한국인의 문화유전자에 대해 진지한 관심을 가질 필요가 있다.

한국인의 문화유전자 연구는 바로 인간의 결을 연구하는 것이다. 음식·문학·철학·역사·정치·경제 등에 한국인은 어떤 결을 만들어왔는가 하는 것을 이 연구를 통해 알 수 있다. 한국인의 문화유전자 연구는 문화체육관광부에서 후원하고 한국국학진흥원이 주관하며 2012년도부터 시작되어 연차적으로 진행되고 있다. 2012년도에는 설문조사를 바탕으로 '2012년에 주목할 한국인의 문화유전자' 10가지를 선정하였다. 그 연구 성과는 『한국인의 문화유전자』라는 책자로 발간되었다. 2013년도에는 20대부터 60대까지 10년 단위로 각 세대의 일상생활문화와 그 문화를 향유하는 한국인의 대표정서, 그리고 1970년대부터 2000년대까지 10년 단위로 각 시대의 일상생활문화와 그 문화를 향유하는 한국인의 대표정서에 대해 설문조사를 하여, 그 결과에 근거한 연구와 집필 작업이 진행 중이다. 그 성과는 2014년 4월 즈음

출간될 예정이다. 또한 2012년도에 선정된 10가지 문화유전자를 좀 더 많은 사람들이 알기 쉽게 접할 수 있도록 각각 5곳의 대표명소를 선정하여 총 50곳의 이야기를 묶어 이 책을 구성하였다. 한국 문화유전자 지도는 인문학을 찾는 사람들에게, 그리고 한국인의 정체성을 찾는 사람들에게 하나의 길잡이가 될 것이다. 이 책은 전국적인 범위에서 대표명소 50곳으로 한정하였으나 지속적인 연구를 통해서 500곳, 5,000곳으로 확장해 갈 수 있다. 그렇게 되면 거미줄처럼 연결되는 지도가 만들어질 것이다.

한국 문화유전자 지도의 작성은 우선 한국인의 문화적 정체성을 확인하는 작업인 동시에 획일화되어가는 세계문화에 대해 생태적 다양성을 확보하는 계기를 마련해 줄 것이다. 세계화가 진행되면서 지역적인 민족과 국가의 문화적 정체성이 점차 소멸되어 가고 있는 것이 오늘의 현실이다. 그러나 각 민족과 국가가 자신들의 고유한 정체성을 확인한다면 그것을 유지·보존하는 것이 그리 어려운 일은 아닐 것이다. 또한 자신들의 고유한 정체성을 확인하는 작업이 그 정체성의 독보적 유일성을 담지하는 것도 아니다. 문화는 끊임없이 소통하고 공감하는 속에서 변형되어 왔다. 범위를 넓혀 가면 한국인의 정체성은 동아시아인의 정체성과 상통하고 더 나아가 세계인과 상통할 수 있다. 한국의 문화유전자 지도를 확장하여 동아시아의 문화유전자 지도로 이어갈 수 있으며 세계인의 문화유전자 지도로 완성할 수 있다. 마치 인간 게놈 연구처럼 문화유전자 연구도 세계성을 지향하는 것이다.

따라서 한국 문화유전자 지도는 지리학의 대상이기보다는 인문학의 대상이 되어야 한다. 인문학의 정신과 내용이 지도라는 형식으로 표현되는 것이다.

인문학이란 오늘까지 사람들이 만들어 온 다양한 무늬에 대한 학문이다. 곧 인간의 문화 전반에 대한 학문이다. 문$_\text{文}$이라는 글자는 처음부터 격자무늬를 형상한 것이며, 중국 고대의 한자 사전인 『설문해자』에서도 무늬$_\text{紋}$와 같은 뜻으로 풀었고, 결$_\text{理}$이라는 의미를 지닌다고 하였다. 인문학은 이렇게 보면 사람이 살아온 삶의 흔적과 경험이 만들어내는 무늬와 결을 탐구하는 것이다. 여기에는 삶의 실존과 경험에 대한 해석과 성찰이 담겨 있다.

인간은 불완전한 존재로서 늘 한계 속에서 살아왔다. 인간의 삶과 앎은 유한한 시공간에 갇혀 있으나 무한한 삶과 앎을 추구하기 때문에 태생적으로 갈등과 대립이 존재한다. 땅 위에서 살면서 하늘을 꿈꾸며, 만물의 영장이면서도 신이 되고자 하고, 오늘을 살면서 어제와 내일을 넘나들기를 원한다. 인간은 이 틈새에서 모순과 갈등하면서 살아왔다. 이것이 인간의 현실이며 이 현실을 바로 보고 인간의 삶 전체를 조망하는 것이 인문학이다.

따라서 인문학은 인문·자연·사회·문화·예술 등의 전 분야에 걸친 핵심 교양인 셈이다. 영어권의 리버럴 아츠$_\text{Liberal Arts}$가 이런 개념을 가지고 있다. 최근의 인문학 열풍은 대단히 모순적이다. 대학은 이미 시장이 되어 버렸고 인문학 강좌는 매년 줄어가고 있는데, 오히려 대학 밖에서 인문학 수요가 폭발하고 있다. 만약 오늘을 사는 사람들에게 인문학 수요가 이렇게 크다면 대학에서도 강좌가 늘어나야 함에도 현실은 그렇지 않다.

중국에는 "천시$_{天時}$가 땅의 이익만 못하고, 지리$_{地利}$가 사람의 인화$_{人和}$만 못하다."『맹자』는 말이 있다. 그리고 병법서에서 나온 말이긴 하지만 천문$_{天文}$과 지리$_{地理}$ 그리고 인화$_{人和}$가 사람이 살아갈 때 필요한 지식정보이자 덕성이라고 한다. 이런 말들을 인화$_{人和}$만이 최고라는 식으로 이해한다면 인문학은 병들고 만다. 맹자가 인화를 강조한 것도 하늘의 때와 땅의 이익을 경시해서가 아니다. 인문학은 천문과 지리를 모두 포괄하는 것이다. 인문학이 인화만을 갖추어서 사람과의 관계설정이나 질서·윤리·도덕만을 강조하게 되면 사람들은 정신적으로 피로해지고 만다. 가뜩이나 사회가 각박한데 이에 더하여 자신들에게 희생만을 강조하고, 마치 구세주처럼 오늘의 모든 질병을 치유할 수 있을 것처럼 떠들어대는 가짜 인문학자들에 의해 오늘의 이상 현상이 자신들의 탓인 양 몰려가는 현실에 더 더욱 등 돌리게 되는 것이다.

여기에는 사람들 간 소통의 부재가 그 하나의 원인이 되고 있다. 정치인과 대중, 기업인과 노동자, 부모와 자식, 수평적 관계에 있는 동료들 간의 소통부재가 오늘의 현실이다. 순수해야 할 인문학 영역에서조차 경쟁과 불평등이 만연하고 그것을 강요하는 자본과 국가권력, 자꾸만 소외되어 가는 개인, 그리고 개인의 인격적 가치가 부정되는 현실이 반대급부로 인문학을 찾게 하는 요인이 되고 있다. 인문학은 어이 없게도 정치가 세상을 지배할 때는 규범의 형식으로 등장하고 경제가 세상을 지배하게 되면 자본의 논리로 활용된다.

인문학은 단순히 학문적인 지식과 정보를 습득하고 교양을 함양하는 데에 그치는 것이 아니다. 인문학을 통해 배운 지식을 자신의 삶에 적용할 수 있어야 하고, 일상의 문제를 해결할 수 있어야 한다. 인문학은 궁극적으로 삶에 대한 반성적 성찰이 되어야 한다.

인문학은 결국 인간 스스로 행복을 추구하고 인간적 가치를 찾는 과정이다. 인간이 행복하고 가치 있는 존재라면 굳이 요즘 같은 인문학 열풍이 일어날 이유가 없을 것이다. 인간의 전체적인 삶을 조망할 수 있도록 도와주는 학문이 인문학이어야 한다. 따라서 인문학의 영역에는 천문과 지리도 모두 포함되는 것이다. 정치·경제·사회·문화·과학·물리·수학 등도 인간의 역사이며 인간이 만들어온 인문(人文)이다. 어느 하나 소홀히 해서는 안 되는 것들이다.

인간이 인간 스스로 만들어 온 인간의 전 역사를 총괄하면서 나아가야 할 길을 밝히는 것이 인문학이어야 한다.

한국 문화유전자 지도는 사람과 자연과 문화를 이어주는 가교이다. 한국 사람과 한국의 자연이 얼마나 닮아 있는지, 한국 사람이 한국의 자연 속에서 어떤 문화를 창조해 왔는지 이 지도가 창문의 구실을 할 것이다. 이 지도를 따라가는 여행은 기존의 여행과는 차별화된다. 으레 어떤 지방을 찾아가서 고택을 방문하거나 관광지를 찾는 방식이 아니라 문화유전자의 이야기를 쫓아가는 감성 여행이 될 것이다.

300여 년간 12대를 이어온 최 부잣집이 있다. "사방 백리 안에 굶는 사람이 없게 하라"는 가훈을 유지하며 사회지도층의 도덕적 책무인 '노블레스 오블리주'를 실천한 집안이다. 이들은 가진 자와 배고픈 자의 이분법을 넘어 농경사회의 아름다운 나눔 정신을 구현하였다. 한국인의 문화유전자 중에서도 유난히 끈끈하고 은근한 정情을 느끼게 한다. 이 정을 느끼고 공감하기 위해 경주 교동의 최씨 고택을 찾아갈 수 있다. 이것은 단순히 경주에 가서 최 부잣집을 찾는 여행과는 다른 것이다. 흉작으로 농민들이 빌려간 쌀을 못 갚게 되자 아들 앞에서 담보문서를 모두 불살랐던 2대 부자 최국선의 이야기, 일제강점기에 독립자금을 마련하기 위해 백산무역주식회사를 세워 임시정부의 자금공급을 도맡았던 12대 최준의 이야기 등 '9대 진사 12대 만석꾼'이 보여준 정과 나눔의 정신을 체험할 수 있는 것이다. 이러한 체험을 위해 정을 찾아 경주로 떠나는 여행인 것이다.

조국인 가야의 패망을 목전에 두고 당시 적국인 신라에 망명하여 가야의 음악을 완성시킨 우륵이라는 음악인이 있다. 우륵이 소중하게 품고 간 가야의 현악기가 바로 가야금이다. 우륵의 음악에 감동한 진흥왕은 그의 음악을 신라의 것으로 삼았다. 우륵이 바위에 앉아 가야금을 타면 그 신묘한 소리에 사람들이 모여들어 마을을 이루었다고 한다. 그가 가야금을 타던 곳이 충주의 탄금대이다. 탄금대에서는 남한강과 달천이 합류하는 물길이 내려다보인다. 이곳에서 우륵은 망국의 서러움을 딛고 가야금 열두 줄로 한국인의 문화유전자인 흥을 연주하였다. 한이 흥으로 승화되어 오늘날에도 한국인의 심금을 울리는 아름다운 선율을 남긴 우륵의 흥 이야기를 찾아 충주로 떠나는 여행이다.

남도의 끝자락 후미진 강진에서 18년간 유배생활을 한 다산 정약용이라는 사람이 있다. 그가 유배의 후반 10여 년을 보낸 산 속의 초당이 바로 다산초당이다. 처음 강진읍내의 유배지에 도착했을 때 주막집 노파가 그를 받아들였다. 그곳에서 다산은 학동들을 가르치며 지역민과 어울리기 시작하였다. 다산초당으로 옮긴 뒤에는 초당 아랫마을의 학동들이 합류하였다. 그리고 산언덕 넘어 있는 백련사의 승려들과 어울렸다. 혜장선사, 초의선사가 이때부터 다산의 제자가 되어 잦은 발걸음을 했다. 이들은 모두 다산학단이라는 일군의 학자집단으로 성장하였다. 또 이들 중 일부는 다신계의 계원이 되어 다산의 해배 뒤에도 남양주의 여유당을 여러 차례 방문하면서 다산과의 교유를 이어갔다. 유배라는 슬픈 현실 속에서도 지역에서 한국인의 문화유전자 어울림의 공동체를 구현했던 다산을 찾아 전남 강진으로 여행을 떠날 수 있다.

한국 문화유전자 지도는 이와 같이 여행의 또 다른 패러다임이다. 오늘날 여행자의 패턴도 매우 다양해졌다. 최근엔 올레길, 둘레길, 변두리길 등 길 중심의 도보여행이 유행하고 있다. 한국 문화유전자 지도는 여행자들이 감성 중심의 여행을 할 수 있는 계기를 마련해 줄 것이다. 한류문화가 세계인의 공감을 얻으면서 부쩍 늘어난 한국 방문 외국인들의 관광패턴을 보면 명소 찍기나 길 따라가기가 아닌 것을 확인할 수 있다. 한국인의 문화유전자인 정과 흥, 열정 등을 느낄 수 있는 곳, 그곳은 반드시 아름다운 전경이 필요한 것도 아니고 반드시 유쾌한 위락시설이 있는 곳도 아니다. 서로의 감성이 소통되는 곳, 한국인과 세계인이 서로 공감하는 곳들이다.

한국 문화유전자 지도를 내기 위해 도움을 주신 분들이 많다. 우선적으로 문화체육관광부의 후원에 감사드린다. 기획 단계에서부터 박치완 한국외국어대 교수, 신광철 한신대 교수, 신규탁 연세대 교수, 유동환 안동대 교수, 윤용섭 한국국학진흥원 부원장, 이광호 연세대 교수, 전호태 울산대 교수, 정재서 이화여대 교수, 김일권 한국학중앙연구원 교수, 이용훈 서울도서관 관장, 이원태 한국문화관광연구원 기조실장, 이종주 사단법인 장날 상임이사, 진상훈 쏙쏙체험 대표, 조소연 한국국학진흥원 연구원 등 여러분이 다양한 아이디어를 내주셨다.

집필자들은 여러 차례의 난상토론 끝에 갈피를 잡고 집필 지침을 보완해가며 넉넉하지 않은 한정된 시간 안에 원고를 완성시켰다. 무엇보다도 이 책의 가장 큰 공로자는 6명의 집필자이다. 이분들과 서울 인사동 골목에서 추억을 논하며 감성을 주고받던 며칠간의 기억이 아직도 생생하다. 이 자리를 빌려 머리 숙여 감사드린다.

2013년 12월
황병기

서울 · 경기

화성 공생염전 – 곰삭음

포천 산사원 술 – 곰삭음

서울 창덕궁 – 자연스러움

강화 마니산 참성단과 강화성당 – 끈기

서울 김덕수 사물놀이 – 흥

서울 종묘 – 예의

서울 난타 전용관 – 역동성

수원 화성 무예24기 – 역동성

화성 공생염전

소금 한 줌은 염부의 땀 열 바가지

음식은 맛이 있어야 한다. 그 맛의 기본은 간이다. 여기서 말하는 간은 짠맛을 의미한다. 그러니 짠맛만 맞으면 간을 맞춘 게 되고, 요리의 기본은 갖춘 셈이 된다. "음식을 할 때 가장 힘든 일이 간 맞추는 것"이라는 신혼 주부의 하소연이 납득가는 대목이다.

우리네 부엌에서 음식의 간을 맞출 때는 소금, 아니면 소금이 주재료인 간장 · 된장 · 고추장 · 액젓을 쓴다. 콩나물국 끓일 때는 소금, 나물을 무칠 때는 간장이 기본이다. 그래도 가끔 된장으로 맛을 더한 콩나물국이나 액젓으로 무친 나물이 밥상에 오르기도 한다. 이래저래 섞어서 간을 맞춰도 소금의 영역을 벗어나지 못한다. 그러니 간, 아니 맛의 중심에 소금이 떡하니 버티고 있다는 결론에 다다른다.

소금은 맛내기의 핵심 재료

우리나라 소금은 대부분 바다에서 난다. 특히 개흙(뻘)이 좋은 서해안에서만 생산한다. 바닷물을 개흙으로 끌어들여 수분을 날려버리고 소금결정체를 얻는, 아주 단조로운 방식이다.

한 줌의 소금을 만들기 위해 20여 일 동안 염부가 땀 10바가지는 흘려야 한다

 태안 등지에서 자염煮鹽이라고 해서 바닷물을 졸이고 끓여서 만든 적도 있긴 하지만 이런저런 이유로 사라진지 오래다. 다른 나라에서 석탄을 캐듯 소금 광산에서 소금암염을 채취하기도 하지만 우리나라엔 소금 광산이 없다.
 높고 푸른 가을 하늘이 절정에 달하던 11월초, 경기도 화성시 서신면에 있는 공생염전. 오전 10시를 갓 넘긴 시간이었지만 염전은 고요, 아니 적막하다. 같은 시간 분주하게 움직이고 있을 서울 강남의 오피스빌딩 분위기와는 사뭇 다르다. 반듯하게 구획된 염전소금밭만이 가지런히 놓여 있을 뿐이다. 염전 안의 물은 모내기를 앞둔 논물처럼 흐름이 없다. 바람에 가볍게 물결을 일으키며 햇볕을 받아 살랑살랑 반짝반짝 빛난다. 염부도 보이지 않는다. 시간이 정지된 것 같은 풍경이다.

적적하고 고요한 시간이 얼마나 흘렀을까. 1톤 트럭 한 대가 염전 안으로 들어온다. 공생염전 7호의 주인 이동화씨다.

"일주일 전에 올해 소금 작업이 모두 끝났습니다."

소금이 만들어지는 모습을 보고 싶어 방문했다는 말에 허망한 답이 돌아왔다.

소금은 4월초에 만들기 시작해 10월말이면 끝이 난다. 날씨가 추워지면 소금이 결정을 짓지 못하기 때문이다. 11월에 들어서면, 봄여름가을 3계절 내내 고단하게 소금을 긁어 모으던 염부들은 잠시 휴식기에 들어간다. 그렇다고 마냥 푹 쉬는 것은 아니다. 여기저기 개흙을 갈아엎어가며 흙판을 정비, 내년 생산을 준비한다.

"개흙 속에 있는 미생물이나 미네랄 등은 휴식이 없어요. 염부들이 쉬고 있는 기간에도 민첩하게 움직이며 스스로 정화를 합니다. 염부들이 개흙을 엎어주는 일은 그것을 도와주는 것이죠. 그렇지 않으면 '이가리'라고 하는 길쭉한 저질소금이 나와요."

이 씨의 설명이다.

햇볕, 바람, 개흙이 만든 작품

천일염은 바닷물을 원료로 햇볕과 바람과 개흙의 삼총사가 빚어낸 자연의 작품. 그렇다고 전적으로 자연에게 맡기는 건 아니다. 자연 삼총사와 천일염 사이에는 인간이 있다. 지난 계절 바쁜 염전의 모습을 증명하듯 염전 한 귀퉁이에서 나뒹구는 대파_{소금을 긁어모으는 데 쓰는 나무판자} 곳곳에 이끼처럼 하얀 소금이 피어 있다.

"4월초 날이 풀리면 염부들은 겨우내 '해주'에 가둬놓은 염수(증발 소금물)를 꺼내고, 소금밭에 차근차근 바닷물을 다시 채웁니다."

해주란 비가 오거나 온도가 떨어지는 겨울철에 염수를 가둬놓는 곳이다. 염전 사이에 파놓은 웅덩인데 지붕을 덮은 곳은 마치 반지하방처럼 보인다.

"바닷물의 염도가 2%정도 인데, 15~20일 동안 염도별 10단계의 증발지를 거쳐 염도가 27%에 이르면 비로소 네모진 소금이 만들어집니다. 이 작은 입자들이 떴다 가라앉는 과정을 반복하며 몸집을 키웁니다."

소금은 보름 이상의 기다림과 화학적 곰삭음이 만들어낸 결정체란 얘기다.

염전에 바닷물을 채우고 나면 염부들은 본격적으로 바빠진다. 편히 잠을 잘 수 없을 정도다. 가장 무서운 적이 비. 비가 오면 염수_{증발 소금물}의 염도가 뚝 떨어져 그간의 기다림과 수고가 수포로 돌아가기 때문. 서둘러 염수를 해주에 가두어 염도가 떨어지는 것을 막아야 한다. 일기예보에 맞춰 내리는 비라면 미리 대비라도 하지만 한밤에 소나기라도 쏟아지면 자다 말고 일어나 정신없이 뛰어다녀야 한다. 이씨는 "자연의 처분이 염부의 몸과 마음을 상하게 하는 경우가 허다하다"고 말한다.

 염전에서 일할 때 염부들은 평소보다 많은 양의 소금을 먹는다. 소금이 좋아서가 아니라 엄청난 양의 땀을 흘려서다. 수분 증발을 돕는 검정바닥, 그늘하나 없는 땡볕, 증발로 인해 높아진 습도. 이 3가지가 모여 고온 사우나 이상의 악조건이 만들어진다. 그래서 이런 말이 있는가보다.

 "소금 한 줌 얻으려면 바닷물 100바가지에 염부 땀 10바가지가 있어야 한다."

공평염전은
PVC장판 대신
항아리 조각으로
개흙의 바닥을 깔고 채염
하는 옹기판염을 생산한다

'공생'은 미네랄 풍부한 옹기판 소금

전국에 있는 대부분의 염전에선 개흙에 PVC장판을 씌워 천일염을 생산한다. 그 소금을 장판염이라고 하는데 PVC재질에서 인체에 유해한 물질이 나온다는 주장이 있다. 그런데 화성시의 태평염전은 PVC장판 대신 깨진 항아리 조각을 개흙에 정성스럽게 박아 만든 옹기판염을 고집하고 있다. 국내 수많은 염전 가운데 굳이 태평염전을 찾은 이유다. 특히 이곳은 서울대학교 대학생으로 구성된 동아리에서 '연然 프로젝트'란 이름으로 마케팅 봉사를 하는 곳이다. 경영학과 2학년 이재은 학생은 "소금의 품질은 다른 곳에 비해 월등 뛰어난데도 홍보 마케팅 능력이 떨어져 그 가치만큼 대접을 받지 못하는 것이 안타까워 도와주고 있다"고 한다. 이어 그는 "한국식품연구소에 2012년산 소금을 분석한 결과 공생염전의 옹기판염에선 칼슘, 마그네슘 등 미네랄 함량이 20,678mg/kg으로 다른 업체의 장판염$_{14,406mg/kg}$이나 프랑스 게랑드 천일염$_{7,950mg/kg}$보다 훨씬 높았다"고 덧붙였다.

공생共生이란 이름은 6·25전쟁 당시 황해도에서 내려온 피난민 55명이 염전을 개척하면서 '함께 살아가자'란 의미에서 지었다고 한다. 현재 13명의 염부가 임차, 또는 자가 염전 14만평에서 연간 3천 톤의 옹기판염을 생산하고 있다.

포천 산사원 술

막걸리는 밥 대신 마시는 곰삭음

"막걸리는 밥입니다."

이런 생뚱맞은 말이 있나? 막걸리가 술이지 무슨 밥이냐고 되묻는 이들이 많을 게다. 그런데 밥이라고 우기는 사람이 있다. 전통주 제조회사 '배상면주가'의 배영호 사장이다. 그의 이야기를 계속 들어보자.

"막걸리에 딱 맞아떨어지는 안주가 반찬이기 때문이죠. 김치·깍두기도 좋고, 풋고추에 고추장 찍어 먹어도 기가 막히지 않습니까? 된장찌개에 빠진 두부 한 덩어리 건지면 특급 안주감이죠. 정 반찬이 없다면 한 모금 마시고 손가락 한번 쪽 빨아 마셔도 아쉬울 게 없잖아요?"

듣고 보니 그럴 듯하다. 그런데 진짜 밥 구실을 한다. 어릴 적 기억에 모내기 새참으로 막걸리가 빠진 적이 없는 것 같다. 큰 주전자에 담아가면 일꾼들은 밥 대신 한 대접씩 벌컥벌컥 마시곤 풋고추나 김치쪼가리로 입놀림하곤 했다. 빵빵하게 부푼 배로 한숨 자고 일어나, 알코올 취기로 고단함을 달래며 남은 일을 마무리했다. 그래 맞다. 우리에게 막걸리는 밥이다.

막 걸러 마시는 서민의 술

막걸리는 '막 걸렀다'는 뜻에서 생겨났다. 쌀과 누룩으로 술을 빚은 뒤 알맞게 익으면 술밑을 체에 받아 버무려 걸러낸다. 그러면 쌀알이 부서져서 뿌옇게 흐린 술이 된다. 이 술을 막 걸러내 알코올 도수(6~8도)에 맞춰 물을 타낸 게 막걸리다. 빛깔이 흐려서 탁주(濁酒), 색깔이 희다고 백주(白酒)라고 부르기도 한다. 농부들이 밥 대신 자주 마셨다고 해서 농주(農酒)란 말도 있다. 우리네 전통술은 쌀·보리·조·옥수수와 같은 곡물로 빚는 곡주(穀酒)가 기둥이다. 그 중에도 쌀이 중심에 선다. 곡물로 빚은 술은 크게 두 가지로 나뉜다. 청주와 소주다. 쉽게 설명하면 청주는 발효주, 소주는 증류주다. 청주는 알코올 도수가 낮고, 소주는 높다. 술독의 술지게미를 가라앉힌 맑은 술이 청주, 그것을 데워서 알코올을 한 방울씩 모은 게 소주다. 서양의 곡주인 맥주와 위스키. 둘은 맥아를 원료로 만든 발효주와 증류주다. 동양권의 청주와 소주의 관계랑 흡사하다. 일본은 부드러운 맛의 청주(사케)가, 중국은 '배갈'로 통하는 독한 소주(백주)가 대표 술이다. 그런데 묘하게도 우리나라는 중간에서 이도저도 아닌 막걸리가 유명하다. 청주나 소주가 없는 것도 아니다. 제사가 많은 종가(宗家)에선 청주, 주안상을 자주 차리는 반가(班家)에선 소주가 떨어지질 않았는데도 말이다.

우리네 술은 원래 가양주(家釀酒)다. 집에서 빚어 마시다보니 집집마다 술맛이 달랐다. 반가에선 술독이 빈 날이 없었지만 일반 서민들은 집안 대소사가 있을 때나 술을 담가 마셨는데 이 때 만만한 술이 막걸리였다. 무엇보다 물을 타서 여럿이 나눠 마실 수 있었기 때문이다. 반가에서도 머슴이나 식솔들에게 술을 낼 때는 막걸리가 일반적이었다. 집에서 술 빚는 일은 일제 강점기부터 시작된 '밀주'의 수난을 겪으면서 가가호호 이어지던 가양주의 명맥은 거의 끊어지고 몇몇 상품화된 막걸리만 남은 게 현실이다.

대통령들의 별난 막걸리 사랑

막걸리는 가장 서민적인 술이기도 하지만 역대 대통령들이 즐겨 찾던 술이기도 하다. 대표적인 인물이 고(故) 박정희 대통령. 고 박대통령의 오래된 사진 중에는 막걸리 주전자를 들고 논두렁에 앉아 농민들과 막걸리를 나누는 모습을 쉽게 볼 수 있을 정도다. 부산의 산성막걸리는 고 박대통령과 특별한

술의 주재료는 쌀. 고두밥을 지어 누룩과 버무려 발효시킨다

인연이 있다. 쌀로 술 빚는 게 불법이던 시절 고 박대통령이 금정산성 주민들에게는 마음 놓고 술을 빚을 수 있는 길을 터주었다. 부산에서 군수사령관으로 근무할 때 맛본 산성막걸리 맛을 잊지 못해 대통령이 된 뒤 조세법을 개정해 '민속주 1호'로 지정하고 양조 허가를 내준 것이다.

고故 노무현 대통령도 퇴임 후 봉화마을에서 주민들과 농사를 지으며 새참으로 막걸리를 즐겨 마셨다. 이 때 항시 등장하던 브랜드가 김해시 진영읍에 있는 상동탁주의 막걸리다. 이명박 전 대통령은 한식세계화의 일환으로 청와대 만찬 식탁뿐 아니라 외국 정상들이 모이는 행사에도 자주 우리의 술을 올렸다. 가끔 청와대 밖에서 일반인을 만날 때 마시던 막걸리로는 전남 강진군에 자리한 병영주조의 설성막걸리가 많이 등장했다.

> 30년도 넘은 기억 하나. 아버지의 환갑잔치를 앞두고 어머니가 술을 담갔다. 술이 익는 동안 안방의 윗목에선 시큼 · 큼큼 · 달달한 향이 풍겼다. 잔칫날을 이틀 앞두고 그 유혹을 참지 못해 어머니가 잠시 집을 비운 사이 술독 뚜껑을 열고 맑은 물을 맥주 컵에 담아 벌컥벌컥 마셨다. 그리곤 바로 내방으로 들어가 쓰러져버렸다. 그 때의 내 나이를 훌쩍 뛰어넘은 내 아들은 아직 이런 경험, 아니 기억이 없다. 집에서 술 담그는 일이 사라졌기 때문이다.

산사원은 술 익는 전통술 갤러리

배상면 주가에서 운영하는 포천의 산사원. 그곳에선 누구나 술 익는 정취에 취할 수 있다. 어른 키 높이의 술항아리

수백독이 사방이 뚫린 기와 그늘 아래 줄지어 서있다. 장관이다. 술독을 따라 걷다보면 훈련소 연병장에서 사열하는 기분이다. 사실 눈 호강에 앞서 코가 먼저 벌렁거린다. '개코'로 통하는 사람이라면 머릿속에 벌써 술상을 차리고, 양손에 막걸리 한 사발을 감아들고 있을 것이다. 술독에서 뿜어내는 술향기 때문이다. "꾸룩, 꾸룩." 청각이 예민한 사람이려면 귀도 쫑긋 선다. 뱃속 안에서 소화될 때 나는 소리처럼, 술독 안에서 술이 익으면서 나는 소리다. 귀 호강이 끝나고 나면 다음 차례는 입이다. 미니 시음장으로 옮겨가 막걸리 빚기 체험도 해보고, 갓 빚어낸 막걸리도 맛본다. "우리 것은 좋은 것이여!"란 소리가 절로 난다.

"산사원은 배상면주가가 만든 전통술 갤러리입니다. 단순히 전통술을 체험하는 곳이 아니라 우리 술의 풍류와 낭만까지 느낄 수 있는 공간입니다."

배영호 사장의 설명이다.

역시 산사원은 술독, 박물관, 양조장이 아니더라도 이곳저곳 둘러보는 재미가 쏠쏠하다. 담양의 소쇄원을 옮겨놓은 듯한 '취선각', 전북 부안의 만석꾼 집의 창고를 그대로 옮겨 지은 '부안당', 산사원이 한눈에 내려다보이는 '우곡루' 등 4,000평 대지 안에 다양한 볼거리가 펼쳐져 있다.

배 사장은 "우리의 전통술이 진득하게 곰삭듯, 산사원도 술과 관련된 이야기$_{Story}$와 역사$_{History}$와 전통$_{Tradition}$과 문화$_{Cultule}$가 곰삭는 공간으로 발전할 것"이라고 말했다.

포천에 있는 산사원엔 어른 키만 한 술독 수 백 개에서 술이 곰삭고 있다

　　산사원을 걸으며 오랜만에 술 익는 향기를 맡아보니 지금은 안 계신 아버지의 냄새가 느껴졌다. 목욕탕에서 등을 밀어드릴 때 아버지 몸에서 나던 그 냄새. 축 처진 엉덩이만큼 인고의 세월을 참고 견뎌온 우리네 아버지. 그 맛과 향이 텁텁하게 곰삭은 우리네 막걸리랑 닮았다는 걸 아버지 나이가 다 된 이제야 깨달았다.

서울 창덕궁

창덕궁은 조선의 두 번째 궁궐이다. 왕실에서의 지위도 법궁(法宮)인 경복궁 다음에 위치하고 규모도 한참 미치지 못하며, 심지어 경복궁(1395년)보다 십 년 뒤인 1405년 세워졌으니 역사도 길지 않다. 그러나 창덕궁은 경복궁을 제치고 1997년 유네스코(UNESCO) 세계문화유산으로 지정되었다. 여기에는 충분히 그럴 만한 까닭이 있었다.

조선 왕조의 현장

조선 왕조 수도 서울에는 모두 다섯 개의 궁궐이 있었다. 우선 법궁인 경복궁이 있다. 왕조를 상징하는 건물이어서 남쪽 방향을 향해 똑바로 놓여 있고 권위적일 수밖에 없는 건물이다. 그 뒤를 이어 창덕궁·창경궁·덕수궁·경희궁 등의 이궁(離宮) 네 개가 있다. 이궁은 법궁이 수리 중이거나 변고가 생겼을 때 임금이 머무는 제2의 궁궐을 뜻한다.

500년 조선 역사에서 가장 많은 임금이 가장 오랜 기간 거처한 궁궐은 의외로 창덕궁이었다. 조선 초기에는 치열한 왕위 계승 싸움이 벌어지다 보니 신분의 위험을 느낀 임금이 수시로 창덕궁으로 자리를 옮겼다. 창덕궁을 창건한 가장 큰 이유를 왕자의 난에서 찾는 견해도 있다. 형제를 죽이고 권력을 거머쥔 태종이 창덕궁 창건을 주도했기 때문이다.

경복궁은 임진왜란$_{1592~1598}$을 겪으며 전소되는 바람에 전란 이후에는 아예 없었다. 경복궁이 재건된 건 전란이 끝나고도 약 270년이 지난 뒤인 1867년의 일이다. 경복궁이 화를 입을 때마다 임금이 창덕궁에서 기거했으니, 500년 조선 역사 가운데 적어도 400년은 창덕궁에서 정사가 치러진 셈이다. 특히 후기 조선의 역사는 오롯이 창덕궁의 역사였다. 이를 테면 사도세자가 뒤주에 갇혀 죽임을 당한 곳도 창덕궁 안이었다.

또 다른 흥미로운 사실이 있다. 전후 복구에 나선 광해군이 경복궁이 아니라 창덕궁을 재건했다는 점이다. 여기에는 여러 해석이 따른다. 경복궁에서 불미스러운 사건이 잇달아 발생해 궁궐을 옮겼다는 것이 정설로 통하지만, 경복궁보다

창덕궁 인정전 ⓒ 이건웅

규모도 작고 훼손 상태도 덜한 창덕궁이 재건에 용이했으리라는 분석도 있다. 실제로 창덕궁 재건에 들인 공사기간은 5개월에 불과했다.

창덕궁에선 개화의 흔적도 발견된다. 유리창이 난 궁궐 문짝이나, 샹들리에 아래 의자와 탁자가 놓인 내부 공간 등에서 급속히 몰락한 왕조의 어수선했던 막바지가 읽힌다. 처마 아래 금색의 꽃잎 문양은 전주 이씨 가문을 상징하는 오얏꽃$_{李花}$이다. 일제가 조선 왕조를 이씨 조선이라고 부를 즈음 새겨졌다.

창덕궁의 미학

창덕궁은 우리나라의 궁궐 가운데 가장 한국적인 궁궐로 통한다. 권위를 앞세우는 다른 궁궐과 달리 소박하고 겸허하기 때문이다. 이러한 주장에는 일리가 있다. 우선 창덕궁은 경복궁의 3분의 1 규모다. 경복궁에 비하면 아기자기하고 여성스럽다 할 수 있다.

그러나 창덕궁의 가장 큰 특징은 궁궐답지 않다는 데 있다. 무릇 궁궐이라 함은 큰길을 똑바로 바라보고 서있어야 하는 법이다. 평평한 대지에 중심축을 두고 정면을 바라보고 세워야 한다. 하지만 창덕궁은 응봉산 자락에서 뻗어 내린 구릉에 비뚜름히 기대어 있다.

정문인 돈화문으로 들어가 보자. 정문으로 들어섰으니 대전$_{大殿}$이 바로 정면에 있어야 한다. 그러나 창덕궁의 대전인 인정전은 오른편으로 꺾어 들어간 뒤 다시 왼편을 바라봐야 나온다. 얼핏 무질서해 보이기도 한다. 다른 건물도 지형과 지세를 거스르지 않고 들어서 있다. 경사가 가파르면 경사를 따라 건물을 세우고, 언덕이 있으면 언덕을 돌아 길을 냈다. 후원에 정자를 올려도 도드라지지 않게 했다. 창덕궁의 건물은 경복궁처럼 인위적인 축이 없는 대신에 지형에 따라 자유롭게 배치되어 있다. 1997년 창덕궁이 세계문화유산으로 등재될 때 유네스코는 "동아시아 궁궐 건축에서 비정형적 조형미를 간직한 대표적인 궁궐"이라고 선정 이유를 밝혔다.

창덕궁에는 경복궁에서는 느낄 수 없는 인간미 같은 게 있다. 때문에 정성껏, 그리고 꼼꼼히 둘러보아야 한다. 이를 테면 인정전으로 가는 길목에 놓여있는 금천교에서는 난간 기둥을 들여다볼 수 있어야 한다. 돌호랑이 네 마리가 조각되어 있는데 한 마리만 고개를 비틀어 올리고서 장난스러운 표정을 짓고 있다.

왕과 왕비 그리고 왕실 가족이 생활했던 내전(內殿)에 들어서면 "여기에 정말 사람이 살았구나."라는 느낌이 든다. 뒷담 안쪽으로 언덕 자락을 깎아 꽃 계단을 쌓고 소나무와 향나무로 공간을 장식한 작은 정원을 바라보면 구중심처에서 갇혀 살다시피 했던 왕비의 심사를 조금이나마 헤아리게 된다.

후원과 비원 사이

불과 얼마 전까지만 해도 창덕궁은 '비원(秘苑)'으로 불렸다. 창덕궁이 제 이름을 되찾고, 비원에서 후원이라는 제 이름을 되찾은 건 최근의 일이었다.

창덕궁 ⓒ 이건웅

후원은 창덕궁 가장 뒤쪽에 자리 잡고 있다. 궁궐 뒤편에 있다고 하여 후원後園 또는 내원內苑이라 했고, 궁궐 북쪽에 있다고 하여 북원北園이라고도 불렀다. 일반의 출입이 엄격히 통제돼 금원禁園으로 통하기도 했다. 1903년 궁의 내부 직제를 개편할 때 후원을 관리하는 관청으로 비원을 설치하고 1908년부터는 후원을 아예 비원이라고 불렀다. 일제는 조선 왕조의 현장이었던 창덕궁의 후원을 유원지처럼 활용했고, 해방 이후에 궁은 사라지고 비원만 남았다.

창덕궁 후원이 일반에 공개된 건 2004년의 일이다. 그것도 완전 개방이 아니라 하루 출입 인원에 제한을 둔 부분 개방이었다. 최근에는 밤에 문을 열기도 한다. 일정한 기간에 일정한 인원만 출입이 가능하지만, 한 번은 꼭 들어가 볼 만하다.

창덕궁 후원은 9만여 평으로 창덕궁 전체 면적의 60% 이상을 차지한다. 후원 가장 깊숙한 곳의 옥류천 일대는 숲이 깊어 호랑이가 내려왔다는 기록도 전해진다. 창덕궁 후원은 구릉과 계곡, 폭포와 숲 등 자연의 생김새를 그대로 살리면서 필요한 만큼만 사람이 개입한 조선 최고의 정원이다. 특히 부용당 연못은 화려하지만 사치스럽지 않은 모습으로 창덕궁 후원의 하이라이트로 꼽힌다.

창덕궁 후원은 자연 생태계의 보고이기도 하다. 160여 종 29만 그루의 수목과 오색딱따구리 등 천연기념물을 비롯한 조류 40여 종이 살고 있다. 1979년 후원 일부를 폐쇄하면서 2004년까지 사람의 출입을 막은 덕분이다. 그래도 현재 창덕궁에서 개방된 구역은 전체 면적의 5분의 1 정도에 그친다.

강화 마니산 참성단과 강화성당

　한국인에게 종교적인 첫 숭배의 대상은 단군이었다. 한국인은 자신들의 피 속에 단군의 DNA가 있다고 믿는다. 그렇다면 단군의 흔적은 어디에 남아있을까? 남한에 단군과 관련된 유적지라고 할 만한 곳은 바로 강화도 마니산이다.
　단군은 마니산에 참성단이란 제단을 세우고 천제를 드렸다. 게다가 강화도는 수없이 많은 외침에 항거해 온 현장이다. 몽골부터 근대 프랑스, 미국의 침략에 맞선 병사들의 피가 뿌려진 곳이다. 개천開川, 즉 하늘이 열린 이래로 국태민안을 빌었던 곳이기도 강화도이며, 끝없는 투쟁으로 나라를 지킨 곳이 강화도이다. 한국인의 희망과 고통이 거기 고스란히 기록돼 있다.
　원고 청탁을 받고 다시 마니산에 가봤다. 산에 오르면서 이런 궁금증이 들었다. 백두에서 한라까지 한국은, 산들이 등뼈를 이룬 나라인데 왜 단군은 마니산을 택했을까? 산의 높이로 보거나, 생김새로 봐도 강화도 마니산은 명산이라고 할 수 없다. 산은 472.1m로 그다지 높지 않았다. 이 정도 높이의 산은 셀 수조차 없이 많다. 게다가 웅장하고 암봉미가 드러난 기암괴석도 없었으며 숲 속의 나무는 자잘했다. 강원도나 경북의 산자락에는 들머리부터 아름드리 전나무나 쭉쭉 뻗어있거나, 잘 생긴 금강송을 볼 수 있다.

물푸레나무, 졸참나무, 상수리나무, 만주단풍나무 등 다양한 나무들이 섞여있었다. 높이가 고만고만해, 어떻게 보면 동네 뒷산 같기도 했다.
　마니산 등산 코스는 두 가지가 있는 데 빠른 코스는 계단 길이다. 초입부터 정상까지 끝없는 계단이다. "대체 무슨 생각으로 계단을 만들었을까."란 불만이 쉴 새 없이 터져 나왔다. 숨이 차고 팽팽한 다리 힘줄이 느슨해졌다.
　참성단은 몇 해 전 돌담장을 보강해서 마치 요새처럼 보였다. 참성단을 보호하기 위해 울타리를 쳐서 제단 위에 올라가지 못했다. 산길을 따라 돌아서니, 강화 앞바다가 희미하게 내려다보였다. 부슬비가 내린 탓에 장쾌한 강화 앞바다와 뜰이 제대로 보이지 않았다. 마니산 정상, 나무말뚝이 세워진 곳에서 새벽에 올라온 50대 남자 2명이 사과 세 개를 놓

강화도 마니산

고 절을 하고 있었다. 한 사람은 인천의 한 고등학교 교장, 다른 이는 3학년 학년부장이라고 자신을 소개했다. 이들은 수능을 앞두고 제자들이 시험 잘 보게 해달라고 빌었다고 했다.

참성단은 그렇게 한국인들의 소원을 들으면서 수천 년을 이어왔다. 참성단에 관한 가장 오래된 기록은 13세기에 나온다. 고려 원종 때인 1270년 참성단을 보수했다는 기록이 내려오는 것을 보면 그 이전부터 나라에서 이곳을 관리했다는 것이다. 단군은 이곳에서 4,300년 전 참성단을 세웠다지만 당시 사료는 없다. 어쨌든 고구려·백제·신라·조선에서 제를 지냈다.

왜 단군은 이곳을 택했을까. 그 이유는 정확하게 알 수 없지만 마니산이란 이름이 단초가 될 수 있을 것이다. 원래 이름은 마리산, 머리라는 뜻으로 뭔가 중요한 장소라는 의미다. 훗날에 마니산으로 이름이 바뀌었다. 불교에서 마니는 탁한 기운을 제거하는 여의주를 의미하므로 신성한 산으로 여겼음이 분명하다. 반대로 생각해볼 수도 있다. 단군은 4,300여 년 전이고, 불교가 전래된 것은 1,600년 전이다. 따라서 단군 때부터 신성하게 여긴 곳이었으니, 불가에서도 이것을 감안해 마니라는 이름을 붙인 것일지도 모른다. 등산로 안내문에는 "백두산 천지와 한라산 백록담의 중간이고, 백두의 천기와 한라의 지기가 모여서 양기처이다."라고 적혀있다.

임금은 이곳에서 국태민안, 왕조의 번영을 빌었겠지만 세상에 태평성대만 이어지는 곳이 어디 있으랴. 나라의 운명은 풍전등화의 형국에 놓인 적도 많다. 외침으로 나라가 초토화

될 때 강화도 역시 그 불길을 피하지 못했다.

나라님이 제를 지내고, 수륙교통의 들머리에 있는 지정학적인 위치 때문에 강화도는 호국 유적이 많다. 고려는 13세기 몽골을 피해 강화로 천도까지 했다. 그 흔적이 남아있는 곳이 강화궁터이다. 조선시대에는 후금이 침략해오자 인조는 1627년 강화도로 피난 간다. 1636년 병자호란 때는 강화도로 들어가려다 후금에 의해 길이 막히자 인조는 다시 남한산성으로 도피하게 된다. 조선의 군왕들은 강화도 방비에 힘쓸 수밖에 없었다. 강화 해안의 성곽 유적은 그때 대대적으로 정비되고 신설됐다.

강화 초지진과 덕포진 광성보에 들렀다. 해안을 바라보기 좋은 곳이었다. 잔디가 깔려 있어 마치 공원처럼 보이기도 한다. 배가 드나드는 것이 한눈에 내려다보이는 곳은 대개 군 기지다. 진이나 보는 모두 군인이 주둔하는 방어시설이다. 진은 요즘으로 치면 대대병력이 주둔할 만한 군사지역, 보는 중대병력이 지키는 곳이다. 돈대는 대포를 설치한 성곽을 뜻한다.

초지진은 평화로웠다. 그러나 역사를 들춰보면 구한말 치열한 전투의 현장이었다. 서구열강이 밀려들어올 때 시험대가 된 곳이 강화도였다. 1866년 조선이 프랑스인 선교사를 처형했다는 구실로 프랑스 군이 강화에 쳐들어왔다. 이것이 바로 병인양요였다. 그때는 화력의 열세에도 불구하고 잘 막아냈다. 하지만 5년 뒤인 1871년에는 사정이 달랐다. 미군이 초지진과 덕진진을 무력으로 점령했다. 조선군은 치열하게 싸웠고, 광성보에서 치열한 백병전이 벌어졌다. 어재연 장군과 200여명의 병사가 모두 이곳에서 전사했다. 단 한 명도 살아남지 못했다.

그들이 얼마나 저항했는지 앨버트 가스텔은 "조선군은 용감했다. 항복 같은 건 아예 몰랐다. 무기를 잃은 자들은 돌과 흙을 집어 던졌다. 전세가 결정적으로 불리하게 되자 살아남은 조선군 백여 명은 포대 언덕을 내려가 한강물에 투신자살했고 일부는 스스로 목을 찔러 자결했다."고 썼다.

우리 피에 저항의 DNA만 남아있는 것은 아니다. 해외 종교도 받아들일 때는 과감하게 받아들였다. 강화 성공회성당이 한국인들이 종교를 어떻게 받아들였는지 보여주는 좋은 증거다. 강화 성공회성당은 1900년 한옥으로 지어졌다. 성당은 불교와 유교, 기독교의 전통이 묘하게 섞여있다. 대문에는 태

강화 성공회성당

극 문양 위에 십자가가 그려져 있다. 대문을 열면 중간 문이 나온다. 이런 식의 겹문은 불교에 사천왕문과 비교될 수 있다. 여기에 한국식 범종을 걸어놓았는데, 그 종에는 십자가 문양이 새겨져 있었다. 성당은 한옥으로 돼 있는데 '천주성전'이란 현판을 붙였다. 성당의 지붕에는 잡상을 올려놨다. 잡상이란 궁궐의 전각 추녀마루 위에 놓은 상으로 액운을 막아준다고 하는 것이다. 이렇게 성공회 성당은 기독교와 전통 양식을 잘 버무려 놓았다. 일단 외세에 민감한 조선인들의 마음을 사로잡기 위해 성당이 그런 양식을 선택했을 수 있다. 몇 해 전 성공회성당에 들렀을 때 한 신부는 "한국문화를 존중하려 애썼기 때문에 한옥으로 지었을 것"이라고 했다. 또 조선인들은 전통을 거스르지 않는 외래 문물은 쉽게 수용했을 것이란 가정도 가능하다.

    한민족은 때로는 외세에 맞서고, 때로는 받아들이면서 끈기 있게 오천년을 이어왔다. 강화도에는 한 나라의 고통을 들어준 단군과 그들이 외세에 맞서왔던 흔적이 있다.

서울 김덕수 사물놀이

상생의 흥, 김덕수의 '사물놀이패'
"두드림으로 종횡무진 삶의 내면을 맺고 풀다"

'사물놀이', 오늘날 전통예술 가운데 관중과 함께 호흡하는 공연예술이다. 사물이란 북·장구·징·꽹과리 네 가지 타악기이다. '사四', '넷'은 우리 문화와 친숙하다. 장삼이사張三李四, 조삼모사朝三暮四, '사통팔달四通八達'의 '사'와, 유행가 '네 박자'의 '넷' 등. 네 가지 종류의 악기가 궁합을 맞춰 잘 어울린 놀이를 '사물놀이'라 한다.

본래 '사물四物'이란 불교 의식 때 사용하는 도구인 '법고法鼓', '운판雲版', '범종梵鐘', '목어木魚'로 네 가지의 의식용 타악기이다. 불교에서는 깨달음을 얻지 못한, 사람을 포함한 뭇 생명들을 중생衆生, sattva이라 부르는데, 이들은 시방세계十方世界: 동·서·남·북·동북·동남·서북·서남·위·아래에 존재한다. 따라서 사물을 치는 것은 이들 중생을 제도하기 위한 소리 공양이다. 법고는 땅 위에 사는 중생을, 범종은 하늘에 사는 중생을, 목어는 물속에 사는 중생을, 운판은 허공에 날아다니는 중생을 제도하려는 것이다. 치는 순서는 ①법고→②범종→③목어→④운판의 순이다.

오늘날 사물놀이는 이러한 불교의식에서 중생을 구제하

기 위한 '사물'을 네 가지의 우리 민속악기로 대체한 것이다. 네 가지가 종교적 의미에서 민속적 전통예술로서 거듭나고, 한국의 대표적 공연예술로 발전한 것이다.

1978년 2월 28일 소극장 공간사랑에서 열린 국악인 최태현_북, 김덕수_{장고}, 이종대_징, 김용배_{꽹과리}로 구성된 연주자들이 웃다리 풍물가락을 발표했고, 이 공연을 관람한 민속

김덕수 사물놀이 공연

학자 심우성씨가 '사물_{四物} 놀이'라는 이름을 처음 지어주었다고 전한다. 당시 그들이 공연한 풍물가락은 야외에서 여러 사람의 춤사위와 함께 연주하는 풍물굿을 변형한 것이다. 그들은 야외에서의 춤을 추며 연주하는 공연을 실내에 앉아서 춤사위 없이 공연하였다. 이렇게 풍물굿을 변형한 연주는 성공을 거두었고, 30년이 지난 지금 사물놀이 단체가 헤아릴 수 없을 정도로 많다.

이처럼 사물놀이는 명칭에서의 변용뿐만 아니라 음악에

서도 양식과 형식의 변형으로 탄생된 것이다. 이러한 변형은 단순한 원형의 변화가 아니라, 원형의 재창조를 의미한다. 그리고 재창조의 힘은 우리 민족의 어울림에 있다. 풍물굿의 원형은 농악이며, 농악의 기원은 삼국시대 이전부터 농사를 생업으로 하면서 행한 제천의식에 있다. 풍성한 수확을 기원하기 위해 하늘에 축원을 올릴 때 행하던 음주가무에 관한 기록에서 농악의 형태를 엿 볼 수 있다.

『삼국지三國志』「위서魏書」의 기록 가운데, 마한 지역의 파종기가 끝난 5월, 풍작을 기원하는 의식에서 모든 사람들이 춤과 노래로 어울리는 장면이 나온다. 의식을 지내고 무리의 사람들이 발을 도약하면서 앉았다 일어났다 하고 손은 폈다 굽혔다 하는 단순한 동작을 반복한다. 그들의 군무는 발돋음과 손동작을 통해 서로 호흡을 이루어 나가는데, 그 동작과 리듬이 마치 탁무鐸舞와 같다고 기록되어 있다. '탁무' 즉 '무용을 위주로 타악기를 두드리는' 형태에서 농악의 기원을 알 수 있다. 풍작을 기원하는 제천의식에서 탁무는 비일상적인 시공간에서 연행되는 공동의 행위이다. 함께 리듬에 맞추어 춤을 추는 동작을 통해 너와 내가 어울리는 소통의 장이 구현된다. 농사일의 고단함을 잊고 함께 어우러지는화합하는 축제 분위기는 악기의 두드림을 통해 절정에 이른다. 비록 당시의 농악이 지금의 형태를 갖추지 않았지만, 타악기의 사용과 풍작의 목적에서 농악의 형태와 흡사하다.

타악기에 관한 문헌으로 이규보李奎報의 『동국이상국전

집_東國李相國全集_』에서 "깃발은 앞에서 펄럭이고, 고각 소리는 마음을 굳세게 하네."처럼 '고각_鼓角_'의 형태로 나타나는데, '고각'이란 '군중_軍中_에서 호령_號令_할 때 쓰던 북과 나팔'이다. 태초의 악기로 추정되는 북은 동물의 가죽을 이용한 것이다. 사물놀이에서 가죽악인 북과 장고는 금속악기인 꽹과리와 징과 조화를 이룬다.

악기는 어떠한가. 장구는 "덩덩", 북은 "쿵쿵", 꽹과리는 "갱매", 징은 "징징" 하며, 각기 재료가 가진 고유의 소리를 낸다. 장구는 '비'를, 북은 '구름'을, 징은 '바람'을, 꽹과리는 '번개'를 의미하며, 역할 면에서는 꽹과리는 사물의 리듬을 이끄는 역할로 박자를 밀고 당기며, 이에 따라 징은 꽹과리의 리듬에 단락을 구분하여 준다. 장구는 가죽악기로서 꽹과리 역할을 맡으며 리듬을 함께 주도한다. 그리고 북은 장구를 돕는 역할을 한다. 사물놀이의 음향 편성인 가죽과 금속은 상반된 성향의 소리로 짜여져 있으면서 '리듬' 면에서 보면 〈꽹과리와 장구〉는 '분할'하고, 〈장구와

북〉은 '함축' 한다.

이처럼 가죽의 웅장함과 금속의 밝은 소리의 어우러짐은 각각의 악기로 쪼개지는 것이 아니라 악기와 악기, 연주자와 관중이 하나의 호흡으로 상생을 이끌어내야 한다. 김덕수는 말한다. "꽹과리, 징, 장구, 북이 내는 다른 울림, 다른 소리가 어우러지려면 호흡이 하나여야 한다. 그렇지 못하면 그것은 음악이 아니라 소음이 되고, 상생이 아닌 상극의 효과를 가져온다." 여기서 말하는 '상생'이란 연주자들의 하나 된 호흡뿐만 아니라 관중과의 호흡도 포함한다. 대개 곡마다 10분정도 길이로 연주되는 사물놀이 공연은 느린 템포에서 빠른 템포로 점점 몰아가서 절정을 이루어 낸다. 느리게 연주할 때는 느리게 치고, 빠르게 할 때는 휘몰아치듯이 연주한다.

이처럼 상승하는 음악적 효과와 긴장과 이완을 반복하는 리듬에 따라 관중들의 흥을 맺고 풀면서 함께 호흡한다. 점점 빨라지는 리듬이 클라이막스에 도달했을 때 관중들의 열광이 일어나는 것이 '흥의 맺음' 이고, 흥청거리듯 느려지며 관중들의 열광이 가라앉는 것은 '흥의 풀림' 이다.

연주자와 관중이 하나가 되는 흥의 맺고 풀림은 공간과 시간을 넘는 어울림의 흥이다. 전통을 넘어 인종을 넘어 세계의 두드림으로 사물놀이는 거듭나고 있다. 흥은 사물놀이 연주 곡 가운데에도 나타난다. 연주자들이 부르는 〈별달거리〉의 "하늘 보고 달을 따고, 땅을 보고 농사짓고, 올해도 대풍년이요. 내년에도 풍년일세. 달아달아 밝은 달아.

태백같이 밝은 달아. 어둠 속에 불빛이 우리나라를 비쳐주네." 라는 가사처럼, 사물놀이는 세계의 두드림으로 발돋음하고 있다.

꽹과리, 장구, 북, 징

서울 종묘

종묘와 사직, "천지신명, 백성에 대한 국가관료의 예의"

"하늘 천, 따 지, 가물 현, 누루 황…" 천자문에 '천지현황$_{天地玄黃}$'이라고 나오듯, 동양적인 우주는 하늘과 땅이 기본이다. 그래서 '천지를 알아라', '천지를 알고 날뛰어라'고 한다. 통치자는 하늘의 명과 땅의 이치를 알고 그 바탕 위에서 백성을 다스려 가야 한다.

중국 유교의 성리학적 '천$_{天}$'에 우리나라 동방적 전래의 '하늘' 개념이 작용하여 퇴계의 리$_{理}$는 '인격적이고 살아있는' 형태를 띠게 된다. 그리고 이런 흐름은 다산$_{茶山}$ 정약용$_{丁若鏞}$을 거쳐서 동학$_{東學}$으로, 현대 한국으로까지 이어지게 된다.

아래 상소문은 "조선은 중국의 천자가 분봉한 나라이기 때문에 하늘에 제사를 지내서는 안 된다"는 하륜$_{河崙}$ 등의 주장에 대해, '동국제천설$_{東國祭天之說}$'을 주장한 변계량$_{卞季良}$의 반론이다.

우리 동방은 단군이 시조로, (단군은) 본래 하늘에서 내려왔기 때문에 중국 천자가 분봉한 나라가 아니었습니다. 단군께서 내려오신 때는 당요(唐堯)의 무진세(戊辰歲)이므로 지금까지 삼천년이 지났습니다. 하늘에 제사 지내는 예가 어느 대부터 시작되었는지는 알 수 없지만 적어도 천여 년 동안은 고치지 않고 내려왔을 것입니다. 우리 태조대왕께서도 이에 따라 더욱 삼가 예를 극진히 하셨으니 신은 하늘에 제사 지내는 예를 폐지해서는 안 된다고 생각합니다. (태종실록 16년, 1416년 6월 1일)

결국 태종은 변계량에게 '제천문_祭天文'을 지으라는 명을 내린다. 어쨌든 이 대목에는 대륙의 주자학적 천관_天觀과 우리 동방의 단군신화적 천관이 대립하는 긴장감을 살필 수 있다.

중국적 문화와 한국의 고대 이래 전통 문화는 '천'뿐만이 아니라 여러 방면에서 교섭, 대립, 조정하는 형태를 갖는다. 이것은 우리 역사의 내부_예컨대, 고려와 조선 사이에서도 발견되는 현상들이다.

조선의 건국은 고려의 불교적 사회·문화 버전 및 인프라를 유교적인 것으로 일괄 바꾸는 일을 수반한다. 태조가 조선왕조를 세울 때, 2년여의 곡절 끝에 지금의 서울 곧 한양을 도읍으로 정한다. 태조는 한양을 유교정신이 구현된 이상도시로 만들고 싶었다.

『태조실록_太祖實錄』에는 "종묘는 왕가의 조상을 받들어 효경을 숭상하는 곳이고, 궁궐은 존엄을 모이고 정력을 반포하는 곳이며, 성곽은 안팎을 엄하게 하고 나라를 견고하게 하는 것이니, 이들을 가장 먼저 건설해야 한다."라고 기록되어 있다. 그는 서둘러 종묘_宗廟와 사직_社稷 그리고 왕궁과 성곽의 터를 살펴보았다. 궁월을 중심으로 종묘와 사직의 위치를 『주례_周禮』에서의 '좌조우사_左祖右社'에 따라 도성은 계획되었다. 즉 경복궁을 중심으로 궁궐의 왼쪽에 종묘를 그리고 오른쪽에 사직단_社稷壇을 조성한다.

'종묘_宗廟'는 조선왕조 역대 왕과 왕비 및 추존된 왕과 왕비의 신주를 모신 유교사당으로, 각종 제례가 거행되는 성

종묘의 제기, 용작과 준 ⓒ 윤종헌

역_聖域_이다. 태조는 개성으로부터 태조의 4대조인 목조, 익조, 도조, 환조의 신주를 모셨다. 따라서 현재 정전_正殿_에는 19실에 49위, 영녕전_永寧殿_에는 16실에 34위의 신위가 모셔져 있고, 정전 뜰 앞에 있는 공신당_功臣堂_에는 조선시대 공신 83위가 모셔져 있다.

'사직_社稷_'은 '사'='토지신_土地神_'과 '직'='곡신_穀神_'에게 제사를 지내는 제단이다. 예로부터 천자나 제후 또는 왕이 나라를 세워 백성을 다스릴 때 사직단을 만들어 하늘과 땅에 그리고 곡신_穀神_에게 제사를 올려, 나라의 국운과 풍작을 기원하였다. 사직은 『논어_論語_』「선진_先進_」에서 "백성이 있으면 사직이 있다_有民人焉 有社稷焉_"거나 『맹자』 등에서 말하듯 '국가'를 상징한다.

인간으로서 조상과 사직을 섬기는 예의는 종묘제례악의 가사_악장樂章_에 잘 나타나 있는 대로이다.

종묘제례, 면복을 갖추고 입장하는 초헌관 ⓒ 이건웅

"왕인 제가 조종의 사당에 이르러서 향사를 지내옴이 어기지 아니하와 이처럼 마음먹고 강신제를 지내옴에 행동거지 마저 삼가고 조심합니다. 신께서는 화(和)하고 기껍게 강림하옵시어 음식들을 맛있게 잡수시고, 한없는 복을 거듭 내려 주옵게 바라와 제때에 격식대로 강신례를 드립니다.(『世宗實錄』卷 147)"

조선시대의 종묘와 사직은 유교 국가의 최고 의례가 시행되는 신성한 공간이다.

종묘는 왕의 정통성을 부여하는 곳이며 사직은 왕의 임무와 책임을 다하는 곳이다. 왕이 조상과 사직을 섬기는 모습에서 효와 충 그리고 예가 이루어지는 종묘사직은 바로 엄숙한 왕권 그 자체인 것이다.

어가행렬 중 한 부분

서울 난타 전용관

식칼과 도마로 세계를 두들기는 '난타'

　서울 명동과 충정로에 있는 '난타' 전용관은 늘 북새통을 이룬다. 국내 관객뿐만 아니라 외국 관광객들이 하루도 빠지지 않고 몰려들기 때문이다.
　배우들이 식칼로 도마를 두들기며 사물놀이 특유의 리듬으로 무대를 달구자 객석 여기저기에서 뜨거운 환호와 손뼉이 터져 나왔다. 국자와 젓가락 등 온갖 주방 도구를 동원한 타악 연주가 절정에 다다랐을 땐 무대와 객석이 한 데 섞여 그야말로 난장을 이뤘다. 신나는 몸짓뿐만 아니라 요리 준비 과정에서 일어나는 일을 코믹하게 표현한 유머까지

4인조 난타 공연팀의 열연 ⓒ PMC

더해져 객석은 웃음바다로 변했다.

상기된 표정의 외국인들은 "정말 재미있다.", "속이 시원하고 스트레스가 확 풀린다.", "굉장히 파워풀하고 에너지틱 해서 좋다.", "마음속에 뭔가 꿈틀거리는 움직임을 준다." 며 엄지손가락을 치켜세웠다.

대사 하나 없이 흥에 겨워 두들기기만 하는데도 이렇게 열광하는 이유는 무엇일까. 한국 최초의 비언어극$_{Non-verbal\ performance}$ '난타'는 무대 위의 퍼포먼스라는 것에 익숙하지 않았던 국내 관객들에게 새로운 즐거움을 선사했고, 외국인들에게는 한국인의 역동적인 모습을 신명나는 흥과 함께 보여줌으로써 최고의 인기를 얻게 됐다.

사물놀이 리듬의 원시적 폭발력과 주방이라는 친근한 드라마적 요소, 코믹한 패밀리극이라는 요소까지 겹쳐져 엄청난 인기를 끌었다. 초등학생부터 할아버지까지 웃고 손뼉칠 수 있는 쇼여서 더 그랬다.

처음부터 해외 시장 겨냥하고 만들어

'난타의 아버지'로 불리는 송승환 PMC 회장은 "처음 난타를 만들 때부터 세계 시장을 노렸다."고 말한다.

> "아무래도 언어의 장벽이 문제였는데 고민 끝에 언어가 없는 공연을 만들자고 했죠. 언어가 없어도 스토리를 다 이해할 수 있도록 한 것과 한국적인 사물놀이 리듬을 사용한 게 외국인들에게 먹혔어요. 주방이라는 공간과 요리사도 글로벌한 보편성을 갖고 있고, 한국적인 특성까지 잘 드러나기 때문에 해외에서도 좋은 반응을 얻게 됐습니다."

'난타'라는 제목은 우연한 데서 나왔다. 1996년 국내 최초의 주식회사 극단 PMC 프로덕션을 만들고 처음부터 넓은 무대를 노크할 비언어극을 염두에 둔 것까지는 좋았는데 제목이 떠오르지 않았다. 한창 사물놀이와 주방을 연계한 이야기를 만들면서 작품을 다듬어가던 어느 날 한 스태프가 푸념처럼 한 마디를 툭 던졌다. "이건 정말 매일 난타다, 난타!" 그 소리를 듣자마자 그는 무릎을 쳤다. 어지럽게 마구 두드린다는 뜻의 '난타'는 실물보다 제목이 나중에 정해진 특이한 경우였다.

사실 1997년 초연 뒤에도 연 10억 원의 적자를 봤다. 1998년 미국 뉴욕과 LA · 영국 런던 · 프랑스 파리 · 일본 도쿄 등 5개 도시를 돌아다니며 작품을 팔아보려 했지만 헛수고였다. 그러던 중 '브로드웨이 아시아'라는 배급사를 알게 됐고 이듬해 에든버러 페스티벌에 참가했다. 경쟁 작품이 1,200여 편이나 됐다. 돈이 없어 친구에게 빌리고, 배우들은 무료 공연을 해야만 했던 상황에서 관객을 모으는 게 더 절박했다. 그는 홍보담당자에게 빨간색의 '난타' 포스터로 온 도시를 도배해 달라고 부탁했다. 결과는 매진이었다.

에든버러에서 최고의 평점을 받은 후 '난타'는 진화를 거듭했다.

요리도 더 화려하고 다양해졌다. 철판요리 · 국수 · 통돼지 요리에 칵테일 쇼까지 등장했다. 해외공연은 영국 · 독일 · 오스트리아 · 이탈리아 · 일본 · 싱가포르 · 네덜란드 · 호주로 이어졌다.

2003년 9월에는 공연산업에서 꿈의 도시라 불리는 뉴욕에 진출해 브로드웨이 42번가에서 공연했고 이듬해 3월 오프브로드웨이에 난타전용관을 마련, 2005년 8월까지 장기공연하는 대기록도 세웠다.

국내에 전용관을 마련하고 태국 방콕에도 전문 공연장을 확보했다. 그동안 43개국 280개 도시, 2만 6,000회 이상의 공연으로 관객 수 880만 명을 넘어섰다. 한국을 찾은 외국 관광객 1,000만 명 가운데 국내 공연을 본 사람이 110만 명인데 그 중 70만 명이 '난타'를 봤다.

난타 공연은 주방에서 쓰는 모든 것을 활용한다 ⓒ PMC

오이·당근 24만개, 칼만 2만 2,000자루

불을 이용한 공연 장면 ⓒ PMC

2만 5,000여 회(세계 280개 도시)를 공연하는 동안 야채 소모량을 따져 보면 오이가 24만 여개, 양파가 7만 여개, 당근이 24만 여개, 양배추가 13만 여개나 된다. 칼 2만 2,000자루와 도마 2만 3,000개도 소모됐다. 이런 인기에 힘입어 2012년 한국관광공사가 창립 50주년을 맞아 국민 투표로 선정한 '한국관광 기네스' 12개에 들었다.

현재 PMC 연 매출 500억 원 중 '난타'로 벌어들이는 것만 300억 원에 이른다. 공장을 지을 필요도 없고 식칼 몇 자루와 도마로 1년에 300억 원을 벌어들이니 이보다 더 부가가치 높은 산업이 어디 있을까. 초연 당시 1개였던 공연팀이 10개로 늘었고 출연 배우도 5명에서 50명으로 늘었다. 스태프까지 합해 PMC 직원도 150여명으로 급증했다. 모두들 '난타' 덕분에 일자리를 마련한 것이다. 게다가 국가 브랜드 개선에도 큰 역할을 했다. 나아가 한국 제품의 해외 판매에도 도움을 줬다.

'난타'의 또 다른 강점은 네트워크다. 오래 전부터 관광산업과 공연문화의 연계를 생각해오던 그는 2000년 난타전용관을 만든 뒤 한국관광공사와의 협업으로 해외 관광객 유치에 나섰다. 특히 한국으로 관광객을 보내는 일본과 중국의 현지 여행사에게 홍보를 집중했다. 관광객이 입국할 때 이미 스케줄을 짜서 오기 때문이다.

> "한국 콘텐츠의 역동성이 매우 중요해요. 드라마와 K-Pop도 마찬가지죠. 속도감 있고, 에너지가 넘치잖아요. '난타'도 그렇습니다. 이런게 다른 나라 문화와 차별점이기도 하죠. 일본 드라마와 영화가 대체로 잔잔한 것과 확실히 달라요."

지금 운영하고 있는 난타전용관은 서울 명동 유네스코 빌딩 3층$_{386석}$, 충정로 3가 구세군아트홀$_{564석}$, 제주 영상미디어센터$_{336석}$, 태국 방콕$_{524석}$ 등이다. 거의 매일 오후 두 차례씩 공연이 열린다.

수원 화성 무예24기

최고의 실전 무술

수원 화성행궁 입구인 신풍루 앞마당. 공연이 시작되기도 전에 벌써 500여명이 자리를 빼곡하게 채웠다. 10년 째 공연 중인 화성 행궁 무예24기의 인기가 어느 정도인지 실감이 났다.

화려한 갑옷을 입은 궁수들이 등장하자 관람객들이 소리를 죽였다. 궁수의 손을 떠난 화살이 바람소리를 내며 과녁에 탁 꽂히자 탄성이 터져 나왔다. 활을 들고 뛰거나 옆으로 돌면서 화살을 날릴 때에도 박수가 터졌다.

조금 있으니 칼이 등장했다. 한국 고유의 검법인 예도와 중국의 제국검, 일본의 왜검에 이어 고난도 기술이 필요한 쌍검까지 선보였다. 반달모양의 월도와 사람 키 두 배의 장검이 번뜩이자 아이들은 눈이 휘둥그레졌다. 진검으로 짚과 대나무를 벨 때는 탄성과 환호가 극에 달했다.

기마무사들은 활쏘기와 마상쌍검·마상월도·마상편곤 등의 시범을 보이며 사람들의 혼을 빼 놨다. 맨 마지막에 한 무사가 말을 달려 나오더니 순식간에 5개의 짚단을 검으로 토막 내고 쏜살같이 달려갔다. 시범단에서도 가장 눈길을 끄는 최형국 무사다. 사람들은 그가 말을 달릴 때마다 감탄

화성 행궁의 전경 ⓒ 윤종현

한다. 말과 한 몸이 된 듯 날쌔게 달려왔다가 섬광처럼 사라지는 걸 보면서 말을 잃는다. 그는 '조선후기 기병의 마상무예 연구'라는 논문으로 박사학위를 받은 박사무사다. 조선시대 전통무예를 이곳에서 20여 년간 수련한 무예인이어서 더 돋보인다.

그가 다섯 개의 짚단을 잇달아 베는 것을 본 사람들은 입을 다물지 못한다. 짚단 하나가 땅에 떨어지기도 전에 다음 짚단이 벌써 잘리고 있다.

"저 양반, 정말 옛날 무사 같네. 활 쏘고 짚단을 순식간에 베고 달려가는 걸 보면 꼭 예전 장용영 무사들 같아요. 하도 손뼉을 많이 쳐서 손이 얼얼하다니까요."

관람객들은 무사들과 함께 기념촬영을 하며 어린 시절로 돌아간 것처럼 즐거워했다.

한·중·일 3국 무예 정수 모아

무예24기武藝二十四技란 정조 시절 수원화성에 주둔했던 장용영 군사들이 익혔던 무예다. 보병무예 18기와 마상무예 6기로 이뤄져 있는데 활·창·칼·권법을 총동원해 손에 땀을 쥐게 한다. 중국과 일본의 우수한 무예를 집대성했기 때문에 '동양무예의 보물창고'로 불린다.

조선시대 군사교범 '무예도보통지'에 수록된 무예24기의 총 동작은 1026개. 임진왜란과 병자호란 등의 외침을 겪은 뒤 자주국방을 이루기 위해 집대성한 것이어서 모두가 실전용이다.

'무예도보통지'는 정조가 편찬한 군사무예도감으로 아버지 사도세자가 만든 보병무예 중심의 '무예신보武藝新譜'에 마상무예 여섯 가지를 추가한 것이다. 정조는 '병학통兵學通' 과 '이진총방肄陣總方' 등에 새로운 기병 진법들을 다양하게 소개하며 전국적으로 기병전술을 강화했다. 이 정책은 화약무기의 발달과 함께 정조대에 완성된 거·기·보車騎步 통합전법에서 기병의 역할을 더 키우기 위한 것이었다.

무예24기의 몇 가지 예를 들어보자. 긴 창을 뜻하는 장창長槍의 기본자세로는 대적·기만·방어·공격세가 있는데 왜구 제압에 탁월한 효과를 발휘했고 임진왜란 때 왜군에게 빼앗긴 평양성을 공격할 때에 주로 사용했다고 한다. 나중에 총·포가 나온 뒤에도 여전히 실전에 많이 쓰였다.

삼지창으로 더 많이 알려진 당파는 창을 막는 데 쓰는 무기다. 명나라 척계광이 왜구의 장도를 무력화시키기 위해 고안했다고 한다. 가운데 창에 작은 포를 달아 사용하기도 했다. 기룡·나창·가창은 평지에서 창을 든 상대를 대적할 때나 기병을 제압할 때 쓰는 기법이다.

기창騎槍은 말을 타고 창을 사용하는 기법인데, 조선 초기부터 무과 시험의 필수과목이었다. 주요 기법은 말 위에서 전후좌우로 창을 휘둘러 적을 찌르는 것이다. 이런 마상

무예24기 진검승부 ⓒ 수원시

무예는 조선 초기 여진족을 비롯한 북방 오랑캐를 방어하고 공격하기 위해 연마한 기예다. 특히 갑을창$_{甲乙槍}$이라 해서 두 사람이 짝을 이뤄 교전하는 방식, 삼갑창$_{三甲槍}$이라 해서 세 사람 혹은 세 대오가 둥근 원을 그리며 서로 겨루는 방식의 실전 무예를 주로 연습했다.

무예24기 시범에서 병사들이 1대 1, 또는 여러 명이 무기를 들고 나와 먼지를 뽀얗게 일으키며 교전할 때, 자세히 보면 공격하고 방어하는 대열인 진법도 무예도보통지를 고증해서 재현한 것이다. 그 중에서 원앙진은 대장이 죽으면 생존자들도 모조리 참형에 처하기 때문에 죽을 각오로 덤비는 무시무시한 진법이다. 원앙진법을 앞세운 장용영 병사들에게는 세상에 무서울 게 없었을 것 같다.

매일 두 차례 역동적인 한국인의 혼 보여줘

시범단의 머리띠에 적힌 '장용$_{壯勇}$'은 정조 때 만든 국왕 직속 친위부대 장용영$_{壯勇營}$에서 따온 것이다. 이들 20명은 모두 무술 유단자다. 최소 경력 5년 이상의 베테랑이어서 숙련도와 프로그램 완성도가 높다.

이들은 1년 365일 중 하루도 훈련을 멈추지 않는다. 비나 눈이 오지 않는 한 신풍루 앞에서 매일 두 차례 시범을 보여야 하기 때문이다. 월요일 하루 쉴 때도 연습하지 않으면 몸이 금방 알아채므로 마냥 퍼져 있을 수 없다고 한다.

이들은 연간 600여 회의 공연을 펼치며 약 15만~20만

명의 관람객을 화성으로 끌어 모으고 있다. 2003년 화성 관광의 볼거리 콘텐츠로 출발한 이후 10년 째 문화관광부 상설 문화관광 상품으로 공연을 이어가고 있다.

무예24기는 세계문화유산인 화성의 하드웨어를 역동적으로 움직이는 소프트웨어이기도 하다. 월요일을 제외하고 매일 오전 11시와 오후 3시에 화성행궁 앞마당에서 볼 수 있으니 대중성과 접근성도 뛰어나다. 또 전장에서 쓰던 실전 무예이기에 화려하면서도 장엄하다. 삼국시대 기록에 나오는 본국검과 중국에서도 최고 검법으로 친 조선세법(예도) 등 검법과 각종 창봉술 · 권법 · 마상무예 등 스물네 가지가 다 비범하다. 정조 때 무과시험 과목이면서 최정예군사들을 모은 장용영의 필수 무예이기도 했다.

무예24기를 본 사람들이 일본의 닌자 공연과 중국 소림사 공연 중에서 무예24기가 으뜸이라고 입을 모으는 이유도 여기에 있다.

350년 된 느티나무 두 그루가 지키는 화성행궁의 신풍루 앞에서 세계문화유산의 역사적 의미와 새로운 왕도를 꿈꾼 정조의 뜻을 되새기면서 그가 심혈을 기울여 개발했던 무예24기의 신기까지 함께 만날 수 있으니, 한국인의 역동성을 찾아 떠나는 여행지로도 으뜸이라 할 만하다.

강원

강릉 서지 초가뜰 김치 – 곰삭음
양양 낙산사 – 자연스러움
강원 고랭지 배추밭 – 어울림
강릉 단오제 – 어울림
정선 아우라지 – 공동체
속초 아바이 마을 – 공동체
삼척 해신당과 용화해변 – 끈기
춘천 김유정 – 해학

강릉 서지 초가뜰 김치

김치는 한국인 밥상의 선봉장 곰삭음

한국인의 밥상엔 김치가 빠지지 않는다. 소시민이 먹는 아침상도 그렇고, 대통령이 여는 만찬테이블도 그렇다. 배추김치든, 깍두기든, 총각김치든, 오이소박이든, 적어도 한 가지는 오른다. 매운 맛이 거북한 식탁이면 나박김치나 물김치로 대신하기도 한다.

평상시엔 나서지 않고 제 역할만

사실 한국인 밥상에 주인공은 밥이다. 주식이 밥이니 이러쿵저러쿵 토를 달수도 없다. 그렇지만 밥만 있는 밥상은 제 구실을 못한다. 밥만으론 목 넘김이 불가능해서다. 이 때 김치가 나온다. "김치쪼가리라도 있어야 맹물에 말아 삼킬 수 있다."며. 이 사실은 특별히 가르쳐주지 않아도 안다. 자신이 한국인이란 걸 깨우침과 동시에 스스로 터득하는 듯하다.

주식인 밥 못지않게 중요한 역할을 하는 우리네 김치. 그러나 평상시엔 내색하지 않고 조용히 지낸다. 주식인 밥 바로 옆자리는 큼직한 국 대접에 내주고, 폼 나는 밥상 한복판 자리도 넘보질 않는다. 오방색 구절판이나 신선로, 아니면 갈

비찜과 조기구이에게 양보한다. 그리곤 김치 자신은 작은 보시기에 몸을 숨겨 밥상 귀퉁이에 자리한다.

그런데 한국 밥상을 대표해야 하는 상황이 벌어지면 김치의 태도가 확 달라진다. 다소곳함을 벗어 던져버리고 전면으로 당당하게 나선다. 화려함을 자랑하던 구절판이나 신선로도 물러서게 하고, 심지어 주식인 밥과 그 옆에 찰싹 붙어있던 국도 자신의 뒤로 숨게 한다. '한국 밥상의 선봉장'임 확인할 수 있는 대목이다.

김치의 가짓수는 "엄마 수만큼"

김치는 알다시피 한 종류가 아니다. 다양하고 다채로운 종류가 있다. 맛 역시 "매콤하게 잘 익었네!" 한마디로 평가가 끝나질 않는다. 배추·무·열무·갓·부추 등 철따라 쓰는 재료가 다르고, 같은 날 담근 김치도 하루하루 익은 맛에 차이가 나기 때문이다. 여기에다 지역이나 집안마다 쓰는 젓갈이나 양념, 담그는 방법도 각양각색이니 맛을 보는 이도 도통 종잡기 어렵다.

김치명인 이하연 씨는 "김치의 가짓수는 잘 알려진 것만 추려도 200개가 넘는다."며 "우스갯소리로 한국김치의 종류는 엄마의 수만큼이나 많다고 얘기하기도 한다."며 웃었다.

서양음식인 샐러드의 도전을 받으면 겉절이김치가 나선다. 연한 배추를 골라 즉석에서 결 따라 얇게 찢어서 파·마늘·고춧가루, 그리고 액젓을 듬뿍 넣어 조물조물 무쳐주면

끝. 허니머스터드 드레싱이 올라간 샐러드라도 두려움 없이 제압에 나선다. 기름진 크림소스 스파게티와 함께 식탁에 오르는 일이 있더라도 엄지손가락을 곧추세우는 '훌륭한 마리아주'란 평을 받을 게 분명하다.

동양권으로 넘어와 중국음식의 피단_계란이나 오리알 삭힌 것_이 등장한다면? 이번엔 묵은지다. 이왕이면 세월의 무게로 확실하게 제압할 3년 묵은지다. 짠맛과 큼큼한 냄새를 낮추기 위해 맑은 물에 살짝 헹군다. 이것도 살짝 찢어 피단 조각을 돌돌 만다. 그리곤 한입에 쏙. 피단의 갓_보통 2개월_' 삭음과 묵은지의 '푹_3년_' 삭음이 묘한 조화를 부린다. "얼씨구절씨구 찰떡궁합"이란 소리가 절로 나온다.

서지초가뜰의 소박한 곰삭음

김치 찾아 떠나는 여행은 보통 전라도다. 산이 낮고 평야가 넓은데다 서해 남해를 끼고 있어 물산이 풍부한 땅. 먹을 게 넉넉해서 그런지 김치의 종류도 타 지역이 견줄 엄두도 못 낼 정도로 다양하다. 그와 정반대는 지도 대각선 쪽에 위치한 강원도. 동해 바닷가를 가도, 골 깊은 산속으로 가도 변변한 김치가 없다. 특히 겨울철이면 김장김치에 깍두기라도 하나 더 올라오면 감지덕지다.

화려한 전라도 김치를 뒤로 하고, 김치를 찾아 강원도로 향해야 하는 곳이 있다. 강릉시 난곡동에 있는 '서지초가뜰'이란 곳이다. 이곳엔 '못밥'이란 생소한 메뉴가 있다. 머슴

다양한 김치 속재료들

을 쓰던 시절, 모내기 하는 날 머슴과 일꾼들을 위해 차리던 밥상이다. 광주리에 이고 가 논두렁에 펼쳐놓고 먹던 들밥이기도 하다.

"일꾼 앞에 밥 한 두가리(나무로 만든 그릇)와 미역국 한 두가리, 그리고 강원도에서 나는 봄나물, 해초를 함께 내놓아요. 그러면 일꾼들은 두가리 하나에 밥과 찬을 모아 약고추장으로 썩썩 비빕니다. 그러곤 비빈 밥을 곰취에 싸서 입에 넣으며 '한 가마 싼다, 두 가마 싼다'고 외칩니다."

이곳 주인 최영간 씨의 1971년 기억이다. 1971년은 최 씨가 서지마을 조진사댁 종부로 시집와 처음으로 못밥을 지어 나르던 때다.

"못밥엔 꼭 삶은 팥을 뿌려요. 팥은 액운과 재앙을 없애주는 주술적 의미도 있지만 하루 종일 머리 숙여 일하는 일꾼들의 건강을 배려한 지혜도 담겨 있어요. 팥은 혈액순환을 도와주거든요."

최 씨의 설명이다.

못밥을 차릴 땐 밥이든 반찬이든 평소보다 넉넉하게 준비한다. 일꾼의 식구들은 물론 동네 어르신들까지 대접해야 하기 때문이다. 지역 특산물로 별식을 따로 차리기도 한다. 최 씨네 집에선 쓰고 남은 볍씨를 빻아 '씨종지떡'을 만들어 돌린다. 일꾼들에게 한해 농사를 부탁하며 격려하는 마음이다. 이에 대한 보답으로 일꾼들은 "한 가마, 두 가마" 외치며 함

농촌 음식점의 본보기로 꼽히는 강릉 '서지초가뜰'의 못밥 상차림

께 풍년을 기원하는 것이다.

　최씨는 1998년부터 모내기철이 아닐 때도 매일 못밥을 차린다. 농막을 고쳐 음식점 간판을 내걸었기 때문이다. 당초 돈벌이 목적은 아니었다. 시어머니는 물론 종가 어른들도 반대가 심해 꿈도 꾸지 못하던 일이었다. 그러나 농가 상차림으로 발전시켜야 한다는 주변의 끈질긴 권유에 집안 어른들도 두 손 들고 말았다고 한다.

　논두렁 멍석에서 실내 밥상으로 옮겨 앉은 못밥 상차림엔 원래보다 반찬이 훨씬 많아졌다. 음식점 기본 찬에 문어초회, 쇠미역 튀각 등 강릉 특산물이 추가돼서다. 여기서도 김치는 강원도의 그것에서 크게 벗어나지 않는다. 배추김치와 그 속에 함께 넣어두었던 무김치가 고작이다. 둘 다 밍밍하면서도 짭짤한 맛이지만 소박하게 곰삭은 정성을 생각하면 전라도 김치쯤 한 끼 잊어도 크게 아쉬울 건 없을 듯하다.

양양 낙산사

'파워 스폿$_{\text{Power Spot}}$'이라는 단어가 있다. '에너지가 나오는 장소'라는 뜻으로, 요즘 들어 레저 업계에서 자주 출현하는 용어다. 이를 테면 에너지가 나오는 장소, 다시 말해 에너지 충만한 장소를 찾아가는 여행을 '파워 스폿 투어'라고 부른다. 미국 애리조나 주의 세도나$_{\text{Sedona}}$가 세계적인 파워 스폿 투어의 명소다.

파워 스폿 투어는 이미 일본에도 들어와 있다. 넓은 의미로 보면 사찰을 찾아가는 파워 스폿 투어에 속한다. 유서 깊은 사찰만큼 기$_{氣}$가 충만한 장소도 없기 때문이다. 최근 들어 우리나라에도 전국 관음사찰 33곳을 순례하는 여행 프로그램이 나왔다.

강원도 양양에 낙산사가 있다. 우리나라를 대표하는 관음사찰 가운데 하나다. 숱한 전설이 전해 내려오는 천 년 사찰로, 낙산사의 모태인 홍련암이 들어앉은 풍광은 차라리 극적이다. 기$_{氣}$는 특별한 주변 환경과 영험한 능력을 지닌 위인으로부터 발산되는 에너지와 같은 것이다. 이 두 가지 조건을 낙산사는 모두 충족한다. 하여 허다한 사람이 낙산사, 그리고 홍련암에 들면 기$_{氣}$를 느꼈고 기를 받았다고 고백한다. 이것이 바로 앞서 파워 스폿을 인용한 까닭이다.

관음보살과 관음사찰

불교에서 관음보살_{또는 관세음보살}은 중생의 괴로움을 구제하는 보살이다. 다시 말해 우리의 소원을 들어주는 보살이다. 중생을 구제하기 위해 부처의 자리를 버리고 보살이 된 고마운 존재다. 우리에게 가장 익숙한 불경_{佛經}의 한 토막인 '나무관세음보살'은 "관세음보살에게 귀의합니다."라는 뜻이다. 관음보살은 우리네 삶과 가장 가까이 있는 보살이다.

> 백천만억 중생이 금·은·유리·산호·호박·진주 등 보배를 구하려고 큰 바다에 들어갔다가 폭풍이 일어 그 배가 나찰(악귀)의 나라에 잡혔을 때라도, 그 가운데 한 사람이라도 관세음보살의 이름을 부르는 이가 있으면 여러 사람이 모두 나찰의 난을 벗어나게 되나니 이런 인연으로 관세음이라 하느니라. 『법화경』에서

우리나라 사찰은 대부분 관음보살을 모신 법당인 관음전_{또는 원통전}을 두고 있다. 관음전이 없으면 대웅전 석가모니 부처님 옆에 관음보살이 계신다. 석가모니 부처님 곁에서 어머니처럼 인자한 모습으로 왼손에 연꽃을 들고 있는 부처님이 관음보살이다. 우리의 소원을 들어주는 친숙한 보살이다 보니 여성으로 형상화되는 경우가 많다. 『삼국유사』에도 여성으로 현신한 관음보살과 관련된 이야기가 여러 편 전해 오고, 불상이나 탱화도 대부분 관음보살을 여성으로 표현한다. 하지만 일부 사찰에는 수염 달린 관음보살도 계신다.

우리나라에는 33개 관음성지라는 개념이 있다. 관음보살

이 서른세 가지 형상으로 나타났다는 말씀을 받들어 전국의 관음사찰 중에서 오랜 역사를 자랑하는 33개 사찰을 추린 것이다. 그 중에서도 이른바 3대 관음성지, 또는 4대 관음성지로 불리는 명소가 있다. 경남 남해 금산의 보리암, 강원도 양양 낙산사의 홍련암, 인천 강화도 보문사를 일러 3대 관음성지라 하고, 여기에 전남 여수의 향일암을 더해 4대 관음성지라 일컫는다.

이들 관음성지에는 공통된 특징이 있다. 모두 바다에 인접해 있다는 점이다. 그래서 여기에 계신 관음상을 해수관음상이라 부른다. 관음보살이 산 속이 아니라 바닷가에 나와 있는 건 인도나 중국도 똑같다. 양양 낙산사도 이 모든 조건과 완벽하게 들어맞는다.

관음성지는 우리나라를 대표하는 기도 도량이다. 한 해가 바뀔 때는 물론이고, 평소에도 소원을 빌려고 찾아오는 중생들의 발걸음이 끊이지 않는다. 비가 오나 눈이 오나 바람이 부나 관음성지에는, 사연을 가득 안은 중생들로 가득하다. 양양 낙산사도 그러하다.

해수관음상 ⓒ 손민호

해안 절벽에 매달린 암자 하나

동해 낙산사! 라고 말해야 한다. 그곳에는 반드시 감탄사가 붙어 있지 않으면 하나의 고유명사가 되지 않는다. 그것은 동해 낙산사가 큰 절이어서가 아니다. 신라 불교의 오랜 절이어서도 아니다. 그 절은 바로 동해와 합쳐져서 이름이 불리기 때문이다. 창연 망망한 동해와 더불어 오랜 세월을 그 파도 소리에 싸여서 살아온 낙산사를 어찌하여 감탄부 없이 부를 수 있겠는가. – 고은, 『절을 찾아서』, 15쪽

승려 출신 시인은 그냥 낙산사가 아니라고 외친다. "동해 낙산사!" 라고 감탄해야 낙산사를 오롯이 호명하는 것이라고 주장한다. 전적으로 공감한다. 낙산사는 동해 바다를 빼놓지 않고는 이해할 수 없는 사찰이다.

낙산사는 신라 문무왕 10년$_{670년}$ 의상대사$_{625~702년}$가 당나라 유학을 마치고 돌아온 직후인 671년 창건한 사찰이다. 『삼국유사』에 낙산사 창건 설화가 전해 내려온다.

> 의상이 동해 바다에 살고 있다는 관음보살을 친견하고자 이곳까지 와서 기도에 정진하던 어느 날. 7일의 철야 기도가 끝나자 동해 바다 위에 붉은 연꽃이 떠올랐고 연꽃에서 관음보살이 출현하였다. 의상은 그 자리에 홍련암이라는 암자를 세웠다.

의상은 홍련암 위의 산을 낙산$_{洛山}$이라고 부른다. 낙산은 인도의 보타 낙가산에서 유래한 지명으로 관음보살이 머무른다는 곳이다. 그리고 낙산 구릉에 낙산사를 짓는다.

낙산사는 우리나라에서 최초로 조성된 관음성지다. 규모도 대단하다. 낙산사 해수관음상은 전북 익산에서 실어 온 화

강암 700톤으로 조성했고, 높이가가 무려 16미터나 된다. 해수관음상의 발아래에 서 있어도 멀리 설악산이 보이고 동해바다가 시원하게 펼쳐진다. 2005년 산불로 낙산사 경내 대부분이 불에 타 버려 예전의 정취가 사라진 게 안타까울 뿐이다.

그러나 홍련암은 온전했다. 화마는 홍련암 앞까지 들이닥쳤지만 홍련암만은 삼키지 못했다. 의상대에서 바라보면 홍련암은 정말로 바다에 핀 홍련처럼 생겼다. 암자의 붉은 단청은 홍련의 꽃잎이 연상되고 주위의 대밭이나 작은 바위섬을 보노라면 연잎이 떠오른다.

절묘하다고 밖에 할 말이 없다. 창건 설화가 허무맹랑한 이야기로 들리지 않는 까닭이다. 관음보살의 도움이 없었다면 불가능해 보이는 풍경을 홍련암은 연출하고 있다. 홍련암에 들면 더 놀랍다. 법당 마룻바닥에 8㎝ 크기의 구멍이 뚫려

의상대 ⓒ 손민호

있는데 구멍 사이로 절벽에 부딪히는 흰 파도가 보인다. 발아래에서 쿵쾅거리는 파도 소리가 올라온다.

　홍련암은 바닷가에 있는 게 아니다. 깎아 지르는 해안 절벽에 위태로이 매달려 있다. 이 작은 암자가 엄청난 동해 바다의 파도와 바람을 견뎌내는 게 그저 신기할 따름이다. 그래서 "동해 낙산사!" 인가 보다.

강원 고랭지 배추밭

　자연에 기대어 사는 인생은 고달프다. 그러나 고단한 노동으로 마침내 자연과 하나가 되는 삶은 거룩하다. 가파른 해안절벽을 깎고 다져 몇 평 안 되는 논밭을 겨우 마련하고 사는 경남 가천의 다랭이마을을 보고 있으면 마냥 눈물이 나는 까닭이다.

　강원도 첩첩산중에도 그와 같은 풍경이 있다. 아니 삶이 있다. 바로 고랭지 배추밭이다. 고랭지(高冷地)는 높고 차가운 땅을 가리킨다. 높이가 600m가 넘는 산간지역으로, 여름에도 선선하고 비가 많이 내리는 기후를 이용해 배추·감자·메밀·꽃 등을 재배하는 것을 고랭지 농업이라 한다.

　강원도의 고랭지 배추밭은 한반도 등줄기를 이루는 백두대간 자락에 얹혀 있다. 하여 백두대간에 올랐지만 눈에 보이는 건 온통 배추밭이다. 산에 있지만 산에 있는 건 아니다. 그렇다고 밭이라고만은 할 수 없다. 강원도 고랭지 배추밭은 하나같이 해발 1,000m가 넘는 고원에 들어앉아 있다.

　해발 1,000m가 넘는 이 산꼭대기까지 쫓겨 들어와 배추씨 뿌리며 사는 모습을 보고 있노라면, 인생의 절박함마저 생각하게 된다. 그러나 그들의 삶은 아름답다. 그들의 삶이 대자연에 전적으로 의지하는 삶이 아니기 때문이다. 척박한 땅에 씨앗을 뿌리고 결실을 수확하는 건, 자연에 종속된 삶이 아니라 자연과 상대하는 삶이자 소통하는 삶이다. 생각해 보면 우리의 삶이 늘 그러했다. 자연과 맞서 싸우는 것 같아 보이지만 결국은 자연에 스며들어 사는 삶이었다.

태백 귀네미골

강원도 태백시에서 35번 국도를 타고 삼척 방향으로 30분쯤 달리다 보면 오른쪽에 귀네미골 이정표가 보인다. 이정표를 따라 5분쯤 올라가면 민가가 나타난다. 귀네미골에서 배추농사를 짓고 사는 마을이다. 거기서 다시 5분쯤 산자락을 오르면 가파른 골짜기를 따라 장쾌하게 펼쳐진 배추밭이 나타난다.

귀네미골의 정식 이름은 강원도 태백시 하사미동 광동마을이다. 귀네미골이라는 이름은 '귀넘이'가 변한 것으로, 본래 꼴은 '어귀'였다. 새 세상 어귀에 놓인 골짜기란 뜻이다. 『정감록』에서 이 두메산골을 최적의 피란지 중 하나로 꼽았다고 한다. 동네 주민들에 따르면 여름에도 보일러를 켜

귀네미골 ⓒ 손민호

고 자야 할 만큼 마을은 일 년 내내 서늘하다.

　귀네미골은 언덕과 구릉이 많아 예부터 화전$_{火田}$이 성행했다. 그러나 배추밭이 조성된 건 비교적 최근의 일이었다. 1989년 인근에 광동댐이 건설되면서 수몰민이 이 골짜기 아래로 들어왔다. 모두 37가구가 이주했고, 그들이 약 35만 평에 이르는 가파른 비탈을 따라 배추를 심었다. 그리고 지금 귀네미골은 5톤 트럭 200대 분량의 배추를 해마다 생산한다. 모두 '차데기'로 계약돼 있어서 주민에게 떨어지는 건 많지 않다.

　귀네미골 배추밭은 해발 1,000m 지대에 들어서 있다. 비탈이 급해 강원도의 고랭지 배추밭 중에서도 경사가 가장 가파르다. 배추밭 맨 꼭대기에 오르면 능선이 길게 이어져 있는데, 바로 백두대간이다. 능선을 따라 북쪽으로 올라가면 황장산$_{1059m}$이고, 남쪽으로 내려가면 덕항산$_{1,071m}$이다. 능선 너머로 삼척 환선굴이 있다.

강릉 안반덕

　피덕령은 강원도 평창과 강릉을 잇는 고개다. 해발 1,100m에 이르는 피덕령 정상부 일대에 마을이 들어서 있는데, 마을 이름이 '안반덕$_{또는\ 안반덕이}$'이다. 마을이 떡메로 떡쌀을 칠 때 쓰이는 안반처럼 생긴 '덕$_{산\ 위에\ 형성된\ 평평한\ 구릉}$'이라고 해서 안반덕이다. 강릉에서는 '안반데기'라고 부른다.

　안반덕이든 안반데기든 마을은 온통 배추밭이다. 피덕령에 올라 내려다보면 눈앞에 펼쳐지는 광활한 구릉과 언덕이

안반덕 마을 ⓒ 손민호

온통 배추밭이다. 안반덕의 고랭지 배추밭은 60만 평이 넘는다. 태백 귀네미골보다 두 배쯤 넓다.

안반덕은 눈이 많은 마을이다. 왕년에 폭설이 쏟아진 이튿날 종종 TV 뉴스에 등장했던 마을이다. "올겨울에도 대기 4리는 고립됐습니다.…" 그 대기 4리를 구성하는 한 동네가 안반덕이다. 행정 지명은 강원도 강릉시 왕산면 대기 4리다. 하여 안반덕 마을은 겨우내 텅 빈다. 9월까지 배추 출하가 끝나면 주민들은 눈을 피해 강릉 시내로 내려가 겨울을 지낸다.

이 두메에 사람이 들어가 산 건 1960~1970년대 박정희 정부 때다. 그 시절 나라는 강원도 산자락에 흩어져 살던 화전민을 모아 안반덕에 올려 보냈다. 직접 땅을 일구면 일군 사람에 땅을 주겠다는 나라의 제안에 화전민은 솔깃했다. 그러나 자갈투성이 구릉을 일구는 게 쉽지만은 않았다. 가을이면 도토리로 끼니를 때웠고, 겨울이면 밤새 내린 눈이 길을 지웠다. 하여 눈 내린 이튿날이면 멀리서 헬리콥터가 날아와 밀가루나 보리쌀 따위를 던져주고 돌아갔다. 그 시절, 헬리콥터가 구호 식량을 내려주는 장면을 TV에서 매번 중계하곤 했다.

태백 매봉산

매봉산은 백두대간에서 중요한 의미를 갖는 봉우리다. 백두산에서 발원해 지리산까지 이어지는 백두대간의 중간쯤이 태백의 매봉산 어름이다. 태백산맥과 소백산맥의 분기점이 되는 봉우리이기도 하다. 매봉산 아래에 해발 902m의 삼수령三水嶺이 있는데, 삼수령에서 흘러내린 빗물이 북쪽으로 흐르면 남한강, 남쪽으로 흐르면 낙동강, 동쪽으로 흐르면 오십천을 이룬다고 한다. 한반도 산과 물의 중심을 이루는 봉우리라 할 수 있다.

매봉산은 해발 1,303m나 된다. 이 높은 산자락에도 사람이 들어와 씨를 뿌리고 살고 있다. 매봉산 고랭지 배추밭은 완만한 북쪽 기슭을 따라 광활하게 펼쳐져 있는데, 배추밭 면적은 40만 평 정도가 된다. 매봉산은 우리나라에서 가장 높은 곳에서 배추를 생산하는 곳이기도 하다. 해발 1,250m 지점에도 배추를 심었다. 강릉 안반덕처럼 박정희 정부 시절에 화전민을 이주시켜 개간했다.

　매봉산은 강원도 고랭지 배추밭 중에서 인기가 많은 편에 속한다. 매봉산 주변에 대덕산-금대봉-함백산-태백산 등 명산이 줄지어 있어 백두대간 산행을 즐기는 사람이 자주 찾는다. 능선이 완만해 큰 부담이 없다.
　여행 삼아 들르는 사람도 많다. 매봉산 정상 능선에 풍력발전기 10여 기가 들어서 있는데 백두대간 능선과 풍력발전기가 자아내는 풍경이 빼어나다. 태백시는 매봉산 일대를 '바람의 언덕'이라고 이름 붙이고, 광대한 배추밭을 가로지르며 정상까지 이어진 도로는 '배추고도'라고 부르며 알리고 있다. 사진작가들도 매봉산을 아낀다. 능선과 비탈에 들어선 배추밭이 서 있는 위치에 따라 전혀 다른 풍경을 연출하기 때문이다.

매봉산 배추밭 ⓒ 손민호

강릉 단오제

강릉 단오제는 2005년 유네스코 UNESCO 세계무형유산으로 지정되었다. 종묘제례 및 종묘제례악, 판소리에 이어 우리나라에서 세 번째로 세계무형유산이 되었다. 단오는 음력 5월 5일을 가리킨다. 그러니까 음력 5월 5일 강원도 강릉 지역에서 지내는 단오 명절이 세계무형유산으로 선정되었다는 뜻이다.

여기서 두 가지 의문이 든다. 단오는 우리나라 전역에서 지내는 명절이다. 우리 조상은 예부터 홀수가 두 번 겹치는 날을 길한 날로 여겨 명절로 삼았다. 이를 테면 음력 1월 1일은 설, 음력 3월 3일은 삼짇날, 음력 7월 7일은 칠석, 음력 9월 9일은 중양절이라 부르며 계절에 어울리는 음식을 만들고 세시풍속을 즐겼다. 그런데 왜 하필 강릉에서 지내는 단오 축제만 세계무형유산으로 등재됐을까.

질문은 더 이어진다. 따지고 보면 단오는 우리 고유의 풍습이라고 보기도 어렵다. 중국에 단오가 있고, 일본에도 단오가 있기 때문이다. 강릉 단오제가 얼마나 특별하기에 중국을 제치고 유네스코 세계무형유산 타이틀을 획득할 수 있었을까.

강릉 단오제는 우리가 우리의 문화유산에 대하여 얼마나 무지한 지 일깨워주는 지표와 같은 존재다. 결론부터 말하자면, 강릉 단오제는 우리 민족 고유의 어울림 문화가 극대화된 총체라 할 수 있다.

단오에 관하여

먼저 단오에 관하여 알아보자. 우리 선조는 단오를 설·추석과 함께 3대 명절로 여겼다. '북단남추'라는 말이 있다. 남쪽 지방에서는 추석을 최고의 명절로 치고, 북쪽 지방에서는 단오를 최고의 명절로 친다는 뜻이다. 음력 5월이면 북쪽 지방에도 봄이 완연할 때다. 단오는 1년 중에 양(陽)의 기운이 가장 강한 날로 알려져 있다.

단오에도 세시풍속이 있었다. 조선시대에도 단오만큼은 여자의 외출을 허용하였다. 여자들은 창포를 달인 물로 머리를 감았고, 창포 비녀를 머리에 꽂고 나왔다. 모시베옷으로 단오빔을 만들어 입고 나와서는 그네를 타며 놀았다. '춘향전'에서 춘향이가 그네를 타러 나왔다가 이몽룡의 눈에 띈 날이 바로 단오였다.

다시 말해 단오는 일 년 중 바깥 활동이 가장 활발한 날이었다. 전통 명절은 농사와 연관되어 있는데, 단오 역시 농사와 관련이 깊었다. 모종도 심었고 모내기도 끝낸 뒤여서 봄 농사가 어느 정도 마무리된 시기가 음력 5월 5일 어름이었다. 올해도 한 해 농사 준비를 무사히 마쳤으니 그동안의 노고를 위로하고 올해도 풍년을 기원하는 자리가 단오제였다.

하여 단오는 공동체 전체의 축제였다. 관(官)이 주도하고 민(民)이 참여한 집단 제의였다. 관이 술을 빚어 신령께 제를 올리면, 민간은 농악을 하며 풍년을 기원했다. 남자는 씨름을 했고 여자는 그네를 탔다. 무당이 나와 신명 나는 굿판을 벌였고, 읍내에는 일 년 중 가장 큰 장이 펼쳐졌다.

강릉 단오제가 유네스코에 간 까닭

2000년대 초반 우리나라가 강릉 단오제를 유네스코 세계 무형유산으로 등재하려고 준비하던 때 실제로 중국이 반대하고 나선 일이 있다. 중국은 단오가 중국에서 기원한 중국 고유의 민속이라 주장하며, 강릉 단오제는 중국 문화의 아류일 따름이라고 반박했다.

그러나 유네스코는 우리나라의 손을 들어줬다. 유네스코는 같은 날 같은 이름을 쓰더라도 중국의 단오와 강릉 단오제는 전혀 다른 것이라고 판단했다. 중국 단오는 댓잎이나 연꽃잎으로 찹쌀밥을 해먹고 용선 경기를 벌이는 전통 일부가

강릉 관노가면극

전해 내려오기는 하나 대부분 명맥이 끊긴 지 오래였다. 반면에 강릉 단오제는 천 년이 넘는 세월 동안 공동체 전체가 참여하는 집단 축제의 전통이 면면히 이어져 오고 있었다.

강릉 단오제의 역사는 4세기 부족국가 '동예'까지 거슬러 올라간다. 강릉이 바로 동예의 옛 땅이다. 동예에는 천신에게 제사를 드리고 남녀가 모여 술을 마시고 함께 춤을 추는 '무천舞天'이라는 행사가 있었다. 『고려사』에는 "고려 초기 태조 왕건을 도와 승리로 이끈 대관령 신령에게 왕순식이 제사를 지냈다."는 기록이 전해오고, 조선시대 문인 허균의 글에도 "1603년 단오를 맞이하여 대관령 산신께 제를 올렸다."는 내용이 남아 있다.

단오제의 전통이 강릉에만 남아 있는 이유는 강릉의 지리적 특성에서 우선 찾을 수 있다. 대관령에 막힌 동해안의 도시 강릉의 자연환경은 여느 평야지대의 도시보다 열악했다. 그래서 공동체가 집단으로 의지할 대상이 필요했다. 강릉 단오제는 대관령 산신을 맞이하는 제를 올리는 의식으로 시작해 산신을 대관령으로 보내는 제로 끝난다.

강릉 단오제라는 이름의 축제

축제祝祭는 놀이祝와 제사祭가 합쳐진 말이다. 공동체의 집단 놀이와 집단 제의가 있어야 비로소 축제가 된다. 강릉 단오제가 바로 그러하다. 공동체 구성원 전원이 참여하고 공동체 구성원 전원이 즐긴다.

강릉 단오제는 짧게는 5일, 길게는 한 달 넘게 계속되는 축제다. 음력 4월 5일, 신에게 드릴 술을 담그는 '신주 빚기' 행사를 처음으로 단오제가 시작한다. 신주에 쓰이는 쌀과 누룩은 예부터 고을 수령이 내리는 전통이 있었고, 이에 따라 지금은 강릉시장이 하사한다. 음력 4월 15일부터 산신제를 치르고 음력 5월 3일부터 7일까지 닷새 동안 축제를 벌인 뒤, 음력 5월 7일 산신을 대관령으로 보내는 제사와 함께 막을 내린다.

5월 3일부터 7일까지 벌어지는 닷새 축제가 강릉 단오제의 본 행사다. 신당에서 굿이 벌어지고 광장에서는 관노가면극과 농악 공연이 펼쳐진다. 축제 기간 남대천 일대에 단오장이 서는데 하루에만 20만~30만 명이 몰려든다.

강릉 단오제에는 강릉 구성원 모두가 참여한다. 지금도 강릉 시내에 있는 초등학교 중에는 관노가면극반을 운영하는 학교가 많다. 학생뿐만 아니라 어른도 관노가면극반에 참가한다. 바로 이들이 단오 기간에 쉬지 않고 공연을 한다. 농악도 마찬가지다. 강릉에는 동네마다 농악대가 있고 농악대를 운영하는 초등학교도 많다. 과거 통행금지가 시행되던 시절에도 단오제 기간만큼은 사흘이고 나흘이고 예외가 인정되었다.

강릉 단오제는 국내 유일의 종합 전통축제다. 양반·관료·농민·어민·상인·관노 등 모든 계층이 참여하고, 유교·불교·무속신앙이 뒤섞여 새로운 차원의 난장(亂場)을 펼친다. 강릉 단오제야 말로 진정한 어울림의 현장이라 하겠다.

정선 아우라지

　사람 사는 마을도 흥하고 쇠한다. 작았다가 커지기도 하고, 없어지기도 한다. 꽉 막힌 산골이었다가 터널이나 도로가 뚫리는 바람에 교통 요충지가 되거나, 댐이 들어서 고립되기도 한다. 자원 개발로 일감을 찾아오는 사람들로 문전성시를 이뤘다가도 시대의 흐름이 바뀌어 주민들이 썰물처럼 빠지기도 한다. 늘었다가 줄고, 때로는 흐름이 바뀌는 것처럼 사람살이도 강물을 닮았다.
　정선 아우라지란 이름은 마을의 역사와 참 잘 어울린다. 아우라지란 평창 도암면에서 온 송천과 삼척 하장에선 골지천이 어우러진다는 뜻이다. 행정 명으로는 정선군 여량면 여량리다. 작은 강마을이지만 태풍에 큰물 지거나 가뭄에 강줄기가 여위는 것처럼 그동안 많이 변해왔다.
　아우라지는 지금 관광도시로 변했다. 폐선 된 철로를 이용해 레일바이크를 타기 위해 전국에서 관광객들이 몰려온다. 선로가 강줄기를 따라 이어져 있어 경관이 꽤 수려하다. 7킬로미터가 넘는 구간인데 출발점이 선로의 3분의 2는 눈에 보이지 않을 정도의 낮은 경사도의 내리막길이어서 그리 힘들지는 않다. 강기슭에는 아우라지의 상징인 처녀상도 서 있다. 강을 두고 만나지 못하는 연인을 그리워하는 상이라는 안내문이 붙어있다.

'아우라지 뱃사공아 날 좀 건네주게
싸리골 올동백이 다 떨어진다
동백은 낙엽에라도 쌓이지
잠시 잠깐 님 그리워 못 살겠네'

정선아리랑

　　1990년대 중반부터 아우라지와 그 일대를 수십 번 찾았다. 아우라지 위쪽 비포장도로를 타고 들어가는 오지 탐험도 해봤고, 강줄기 트레킹도 했다. 동강댐 설치 논란이 불거졌을 때도 찾았다. 정선 아리랑 연구가 인터뷰 때문에 방문했고, 뗏목 축제, 겨울 섶다리 등을 보기 위해 들렀다. 아우라지는 찾을 때마다 조금씩 변했다.

　　아우라지는 조선시대 수로 교통의 길목이다. 한양에 질 좋은 목재를 공급하기 위해 강원도 산골에서 벌채한 나무를 한양으로 보내야 했다. 인제 쪽에서 벌채한 목재는 북한강을 따라 운반됐고, 평창 정선에서는 남한강을 따라 한강 마포나루까지 운송했다. 떼꾼이 나무를 엮어 뗏목을 만든 뒤 노 하나 들고 한양까지 갔다.

　　수로 여행이 그리 쉽지만은 않았을 것이다. 돌부리에 부딪치기도 하고, 급류도 타야했다. 하지만 벌이는 좋았다. "떼돈 벌었다."는 말이 여기서 나왔단다. 하지만 갑자기 들어온 큰 돈을 주체하지 못했던 떼꾼들은 강마을 주막마다 들러 술깨나 마셨던 모양이다. 정선아리랑에도 질펀한 술 냄새가 날 것 같은 대목이 있다.

'술 잘 먹고 돈 잘 쓸 때는 금수강산이더니/ 술 못 먹고 돈 떨어지니 적막강산이로세!'

강원 정선 구절리와 아우라지

　물줄기는 영월 동강으로 이어지는데 거기서 꽤 이름 있던 술집인 '전산옥' 터가 남아있다. 오는 길에 떼꾼은 여기서 질펀 저기서 질펀 마셔대는 바람에 집에는 쥐꼬리만 한 돈밖에 가져다주지 못했다고 한다.

　1960년대 초까지만 해도 정선 아우라지 일대는 그저 평범한 강마을일 뿐이었다. 마을이 변하게 된 것은 석탄 산업이 절정기를 맞은 1970년대였다. 사북·고한·정선 일대 곳곳에 탄광이 성업하면서 탄부들이 몰려들었다. 1970년대 초반만 해도 광업의 비중이 컸기 때문에 탄광을 따라 노동자들이 모여들던 시절이었다.

　정선 주민들은 그 시절을 이렇게 회상한다. "대단했어요. 강아지도 500원짜리 지폐를 물고 다녔으니까." 탄 묻은 검은 돈이 마을을 흥청망청 흔들었다.

　말 그대로 막장에서 퍼 올린 탄으로 경제를 일궈냈다. 다방이 우후죽순으로 생겼고, 돈 따라 분 냄새 뿌려대며 여인들도 들어왔다고 한다. 농사짓던 마을은 탄광도시로 급변했다. 화수분처럼 돈을 쏟아내던 탄광은 1980년대 들어 서서히 쇠락했다. 정부는 석탄산업 합리화 사업단을 세워 탄광을 하나 둘씩 폐쇄했다. 그에 따라 하늘을 찌를 듯 했던 정선 경기도 함께 쇠락했다.

다 죽어가던 정선을 살려낸 것은 산골 문화였다. 1990년대 정선의 산골문화는 고도성장을 구가하던 한국인들의 향수를 자아냈다. 나무판으로 지붕을 얹은 너와집, 섶다리 등이 부각되면서 아우라지 등을 찾아가는 여행자들이 늘어나기 시작했다. 정선 5일장을 기웃거리는 여행자들도 늘었다. 이후 정선 카지노가 들어서는 등 정선은 완벽하게 관광도시로 탈바꿈했다.

아우라지에는 그런 정선의 역사가 녹아있다. 정선은 수로교통은 편했지만 산들이 높고 많아 육상 교통은 불편했다. 이런 곳에 철도가 들어온 것은 석탄을 실어 나르기 위해서였다. 1966년에 정선선 일부 구간이 개통됐고, 1974년에 마지막 구간인 아우라지역에서 구절리역까지 7.4km가 뚫렸다. 하지만 딱 30년만인 2004년 아우라지와 구절리를 잇는 구간이 폐쇄됐고 이 선로에 바로 레일바이크가 들어선 것이다.

아우라지역은 참 독특하다. 역사 앞에 여치 모양의 구조물이 보인다. 과거 이곳이 석탄 수송로의 종착점이었나 싶을 정도다. 인구는 '늘었다 줄었다'를 반복했지만, 풍광은 여전히 아름답다.

초여름에는 밭고랑마다 감자꽃이 지천으로 피어났고, 여름에는 강줄기가 푸르게 반짝였다.

정선아리랑을 부르며 강을 건너다녔던 마을 사람들은 초겨울에 모두 모여 나무 기둥을 박아 섶다리를 세웠다. 겨울이면 배를 띄우기가 힘들 정도로 강물이 졸아들기 때문이었다. 그렇다고 해서 시린 강물이나 얼음판을 맨발로 건너기는 어려웠다. 그래서 농촌 공동체의 마을 사람들은 겨울이면 임시 다리를 세운 것이다. 나무 기둥을 세우고 가지로 상판을 만든 뒤 흙으로 마감했다. 과거에는 강물이 불어날 때 섶다리를 떠내려 보냈는데, 나중에는 걷어뒀다가 다시 썼다. 섶다리를 만들 때 주민들은 모두 나와 잔치도 벌이고, 정도 나눴다.

한 촌로의 말로는 술이 거나하게 취해 초겨울에 섶다리를 건너다가 떨어진 사람들도 많았다고 했다. 섶다리를 걸어보니 그럴 만도 했다. 단단하지 않고 출렁출렁했다. 아이들은 무섭다고 부모 옆에 매미처럼 달라붙거나, 장난기가 발동해 발을 동동 구르기도 한다. 이 섶다리의 모습이 아름다워 한동안 섶다리 사진이 관광사진전마다 등장했다.

정선 아우라지와 그 일대는 변화의 흔적들이 많다. 고한읍에 가면 탄광의 역사를 볼 수 있는 삼탄아트마인이 있다. 삼탄아트마인은 38년 동안 탄을 캐다가 2010년 문 닫은 삼척탄좌를 박물관으로 개조한 것이다. 공동체도 생명체다. 모여서 번성했다가 쇠락하기도 한다. 흥망이 있다. 아우라지가 그걸 여실히 보여준다.

속초 아바이 마을

속초 아바이 마을

속초시 청호동에 아바이 마을이 있다. 속초 중앙시장 부둣가에서 갯배를 타고 1분이면 마을로 들어간다. 부두 양쪽에 쇠줄을 이어놓고 줄을 잡아끄는 식으로 운행되는 갯배는 아바이 마을의 명물이다. 운임은 200원(왕복 400원). 큰돈도 아니고, 재미도 있을 것 같아 아이들과 함께 갯배를 타고 호기심에 마을을 찾는 사람들도 꽤 된다. 갯배를 타고 들어간 동네는 작아서 10분이면 다 본다.

아바이순대, 오징어순대, 가자미식해, 함흥냉면…. 골목 구석구석이 음식점이다. 한쪽에서는 전을 부치고 있다. 아바이 마을의 과거 사진을 복사해 처마에 걸어놓은 식당도 보였다. 사진 속 아바이 마을은 요즘 아바이 마을과는 딴판이다. 명태를 손질하고 있는 아낙네, 휑한 모래밭, 멸치를 터는 어부…. 흑백 사진은 과거 이 동네 사람들이 참 어렵고도 힘들게 살아왔다는 것을 증명하고 있었다. 그에 비하면 지금은 천지개벽했다고 할 수 있다.

주말이면 갯배 선착장 앞에 문화유산 해설사들이 나와 안내를 한다. 마을의 유래를 꼬치꼬치 캐물었더니, 선착장에서 돈 받고 있는 노인에게 가보라고 한다. "그 양반, 이북서 피란 온 이 동네 토박입니다." 하면서 말이다.

노인의 이름은 김상호 씨. 한국전쟁 때인 1950년 1·4후퇴 때 아버지 손을 잡고 피란 왔다고 했다. 고향은 북청군 창설리, 그때 나이가 열 살이었다. 김 씨는 아바이 마을에서만 63년을 살았다고 했다.

"그러면 아저씨가 1세대겠네요?"
"아닙니다. 1세대라고 하면 제 윗대지요. 그분들은 대부분 돌아가셨어요. 제가 2세대죠. 2세대들도 벌써 일흔이 다들 넘어가는데…"

이산가족상봉 신청이라도 해봤느냐고 물었더니, 북에 가족은 없다고 했다. 당시 할아버지 한 분 남겨놓고 피란 왔단다.

"돌아가셨겠지요. 그때가 언젠데…."

북청은 김동환의 시 '북청 물장수'의 무대이다.

'새벽마다 고요히 꿈길을 밟고 와서/ 머리맡에 찬물을 쏴아 퍼붓고는/ 그만 가슴을 디디면서 멀리 사라지는/ 북청 물장수/ 물에 젖은 꿈이/ 북청 물장수를 부르면/ 그는 삐걱삐걱 소리를 치며/ 온 자취도 없이 다시 사라진다/ 날마다 아침마다 기대려지는/ 북청 물장수'(북청물장수)

"내 고향이 바로 그 북청이에요. 물장수의 고향, 그 북청입니다. 이북 사람들 정말로 생활력이 강합니다. 그건 인정해줘야죠."

아바이 마을에 이북 음식점이 많다고 했더니 그가 눈을 반짝였다.

"김장할 때 명태를 집어넣어요. 그게 발효되고 삭으면 그 맛이 별미죠. 식해는 먹는 식혜가 아니라 생선에 조밥을 넣어서 삭힌 거요. 아, 그 맛이란…."

김 씨는 고향을 혓바닥으로 기억해냈다. 음식이란 뭔가? 음식은 사람이다. 프랑스의 브리아 사바랭은 이런 명언을 남겼다.

"네가 먹는 음식을 말해다오. 그럼 네가 누군지 말해주마."

이 명언은 그리스의 문호 니코스 카잔차키스의 『그리스인 조르바』에도 인용됐다.

"예전에는 이렇게 식당이 많지 않았죠. 그저 김 씨네 순대, 이 씨네 식해 이런 식이었죠."

아바이 마을에 어떻게 이북 '아바이'들이 정착하게 됐을까. 한국전쟁 직후만 해도 아바이 마을이 들어선 자리는 그저 모래톱이었다고 한다. 석호潟湖인 청초호의 가장자리에 갯배를 타고 들어가는 조그마한 모래 해변에 불과했던 것이다. 피란민들은 뭍에 자리를 잡지 않고 갯배를 타고 건너와 바로 모래톱에 임시로 움막을 지었다. 사람이 살기 힘든 곳에다 임시 거처를 만든 것은 금방 돌아갈 수 있다는 믿음 때문이었다. 처음부터 수백 명이 모여들어 마을을 이룬 것은 아니었다. 처음에는 소수였으나 갈수록 사람들이 늘었다. 사람들이 살지 않는 빈 모래밭이었으니, 피란민 외에 다른 지역에서 온 사람들은 거의 없었다. 그래서 사람들은 "거기 가면 이북사람들 만날 수 있다."고 여기게 됐고, 실향민들은 "가족이나 친지가 찾아올까봐" 쉽게 떠나지도 못했다. 집은 모래밭을 반쯤 파고 지었는데, 요즘말로 하면 반 지하이지만 실은 토굴이나 다름없었다. 전국팔도에서 피란민들이 찾아왔다. 행여 가족이 이곳에 살고 있는지, 아니면 가족 소식을 들은 사람들이라도 있는지 궁금해서였다.

마을길은 지금보다 훨씬 좁았다. 문을 열면 불과 사람 키만 한 거리에 옆집 창이 있었다. 고향생각이 간절할 때면 막 잡아온 생선을 썰어놓고 창문 열고 옆집 아바이를 불러 술을 나누면서 지냈다. 지금도 그렇게 좁은 골목길이 남아있다.

날짐승도 귀소본능이 있는데 하물며 가족을 고향에 두고 온 실향민의 마음은 어땠을까. 고향은 그들 마음속에 박힌 지워지지 않는 옹이고 상처였다. 그래서 아바이마을 주민들은 자신의 고향 이름을 따서 마을 이름을 붙였다. 앵꼬치마을, 짝꼬치 마을, 신도마을, 신포마을…. 아바이 마을에서 가장 오래된 식당 중 하나인 단천식당은 함경도 단천지방에서 온 실향민이 문을 연 음식점이다.

아바이 마을은 2000년 송승헌과 송혜교가 출연했던 드라마〈가을동화〉의 촬영지로 유명해졌다.〈가을동화〉에서 은서네 집이 바로 아바이 마을에 있었다. 이 드라마가 아시아권에서 크게 히트하는 바람에 지금은 중국 관광객, 일본 관광객까지 찾아온다.〈가을동화〉안내문은 아예 일본어와 한자로 돼 있다. 갯배 선착장 입구에는 촬영하는 모습을 동상으로 재현했다. 마을의 집들은 하나 둘씩 식당으로 변했다.

마을 골목길을 빠져 나가면 한적한 해변이 나온다. 아바이 마을에서 바라보는 해변은 평화롭기 그지없다. 이 마을이 어떻게 그런 슬픈 역사가 있는지 짐작조차 하기 힘들다. 해변에 앉아 푸르디푸른 바다를 보고 있으니 평화가 살포시 어깨 위에 내려앉는 듯하다.

인생은 풀씨다. 때로는 바람에 날려 적박한 모래톱에 박힐 때도 있다. 생명력이 질긴 풀씨 하나가 바닷바람을 맞으며 풀숲을 이루기도 한다. 아바이 마을이 그렇게 생겼다. 고향에서 불어오는 북풍을 맞으며 거기서 마을을 이뤘다. 모래톱에 집을 지어도 쉬 못 떠났던 건 '고향' 때문이었다.

삼척 해신당과 용화해변

삼척 해신당공원

"어부들에게 바다는 어떤 의미일까?"

강원도 삼척 해신당에 가면 이런 생각이 들게 마련이다. 해신당이 있는 삼척 신남 마을 일대에는 요즘 보기 드물게 남근 숭배 민속이 남아있다. 1990년대 후반까지만 해도 삼척 해신당은 절벽에 세워진 작은 사당이었다. 해신당에는 애랑이라는 처녀의 영정 옆에 향나무로 깎은 남근을 굴비처럼 엮어 걸어 놓았다. 2000년대 초반 해신당 공원으로 바뀐 뒤, '남근 조각 공원'이 됐다. 장승처럼 큼지막한 남근상들이 곳곳에 서있다.

위 아래로 천천히 움직이게 설치해 놓은 시소 같은 남근 조형물, 엉덩이를 그려놓고 끄트머리에 남근을 세워놓은 얄궂은 벤치, 얼굴 모양을 한 남근, 로켓 모양을 한 남근상…. 모양도 제각각이다. 조형물 대부분은 남근깎기 대회를 열고 거기에 출품된 작품들이다.

남근상을 바라보는 관광객들의 반응은 천태만상이다. 해신당 공원에 들어서면 이삼십대 여성들은 대개 입을 다물고 묵묵히 쳐다보기만 만다. 성性에 대해서는 더 이상 호기심도 없어 보이는 육·칠십대 여성들은 옆자리에 다른 사람들이 있든 말든 짓궂은 농을 서로 주고받으며 실실 웃음을 터뜨린다. "거, 참 실하네!", "서방처럼 쫄지도 않네." 동행한 노인들은 헛웃음만 짓고 만다. 남근 조각상을 파는 곳도 있기는 하지만 이렇게 노골적으로 공원까지 조성해 조각상을 세운 뒤 입장료어른 3,000원까지 받는 곳은 해신당이 유일하다.

이 지역의 남근숭배 민속은 어떻게 시작됐을까? 전설은 500년 전으로 여행객을 안내한다. 마을 앞바다는 암초가 많다. 가뭄이 심하게 든 어느 해 장래를 약속한 처녀를 배에 태워 애바위에 올려놓은 뒤 총각은 텃밭에서 일을 했다. 갈남 앞바다는 일종의 바위가 많은 데 미역이나 해초가 잘 자랐다. 날씨가 갑자기 변하자 남자는 애랑을 데려오려 했으나 파도가 높아 배를 띄우지 못했다. 밤을 새우고 이튿날 날이 새자마자 바다로 나갔으나 처녀는 파도에 휩쓸려 가고 없었다. 그 후 마을에는 고기가 잡히지 않았고, 마을 사람들은 풍어제를 지내며 온갖 정성을 다 쏟았으나 허사였다.

그러다 마을 사람 하나가 홧김에 마을 사람들이 신성하게 여기는 향나무에 오줌을 눴는데 그 뒤로 그물이 가득 찼다고 한다. "신목에 오줌 눴다고 고기가 잡힐까?" 마을 사람들은 다시 한 번 신목에 방뇨를 했더니 그물코에 촘촘히 고기가 걸렸다는 것이다. 그때부터 사람들은 죽은 처녀 애랑이 원하는 것은 양기라고 생각하고 매년 정월 대보름과 음력 시월 오午일 두 차례 제사를 지냈다는 것이다. 정월 대보름은 달이 가장 크게 보이는 때이다. 밝음은 어둠과 액운을 몰아내는 의미가 있다. 오일은 낮을 뜻하지만 생식기가 큰 말馬을 상징하기도 한다. 오시는 오전 11시에서 오후 1시 사이다. 양기가 충만하다는 의미다. 그래서 이날 삼재에 걸리지 않은 제관을 뽑아 목욕재개 한 뒤 남근목을 홀수로 깎아 바쳤다고 한다. 원래 마을 입구에 할배를 모신 사당도 있다. 그러나 고기잡이와 관련된 제는 해신당에서 지낸다.

삼척 해신당공원 남근상

그렇다고 남근까지 깎아 바쳐야 했을까. 흔히 생산물을 내는 곳, 땅과 바다는 여자를 상징했다. 땅과 바다가 생산물을 내려면 양과 음이 조화를 이뤄야 한다는 것이 옛사람의 생각이었다. 또 하나, 바다는 먹고 사는 터전이기도 했지만 두려움의 대상이기도 했다. 그래서 금기를 만들고 철저하게 지켰다. 해신당 공원 언덕 위에는 어촌민속 전시관이 있는데, 이곳에 인근에서 전해져 내려오는 어부들의 금기사항이 적혀있다.

① 배를 건조할 때나 첫 출어 시에는 머리와 손톱을 깎지 않는다.
② 조업 중 아이를 낳아도 3일 또는 7일간 집에 발을 들여놓지 않는다.
③ 쇠붙이는 바다에 버리지 않는다. 침몰을 의미한다.
④ 달걀을 배에 싣지 않는다. 달걀 얘기도 꺼내지 않는다.
⑤ 출어시 남편과 가족은 서로 인사 하지 않는다.
⑥ 여자는 승선 못 한다. 출어할 때 여자가 배 앞을 지나가면 조업을 포기한다.
⑦ 아버지와 아들은 한 배에 타지 않는다.(아마도 해상사고를 당할 경우 대가 끊길 수 있어서일 것이다)
⑧ 시체를 발견하면 정중히 모셔야 한다.
⑨ 출어일을 받으면 이웃집 초상에도 가지 않는다.
⑩ 조업 중 선내에서는 쥐도 잡지 않는다.

그만큼 바다는 신성했고 두려운 존재였다. 그러니 남근이라도 깎아 바칠 수밖에 없었다. 남근숭배는 질기게 생명을 이어온 어촌마을 사람들의 풍요와 안전에 대한 갈망이었다.

여기서 이런 궁금증이 생긴다. 남근숭배 민속은 다른 곳에는 없나, 왜 해신당에만 남아 있나? 삼척시청 학예연구사 서성남씨는 "삼척 뿐 아니라 강릉 안인항, 고성 문암리에도 이런 남근숭배민속이 있다."며 "문암리의 경우 바위 구멍에 남근을 끼워놓은 사진을 본 적도 있다."고 했다. 내륙지방에도 남근석을 세워 풍요를 빌었다.

삼척·신남·갈남 일대가 이처럼 오래도록 남근 숭배 민속을 그만큼 때가 타지 않았기 때문일 것이다. 지도를 보면 속초와 포항 딱 중간쯤에 있어 멀다. 포털사이트 다음의 지도를 검색해보면 속초시청에서 해신당까지 143km로 2시간 28분이 걸린다. 서울 광화문 광장에서 해신당 공원까지는 약 313km로 4시간 18분 거리다. 광화문광장에서 북부산 톨게이트까지는 389km로 4시간 29분이다. 해신당 공원은 부산보다 가깝지만 백두대간을 넘어야 하고 국도를 갈아타야 해

삼척 해신당공원 해신당

심리적으로 부산만큼 먼 거리다. 그렇다고 찢어지게 가난한 어촌은 아니었다. 주민들은 1960년대만 해도 부유한 어촌이었다고 했다. 명태가 많이 잡혔고, 고래와 상어도 흔했다. 인근에 장호항과 임원항 등이 확장되면서 신남·갈남은 조그마한 어촌으로 남게 됐다.

신남·갈남 앞바다는 여전히 묘한 매력이 있다. 1990년대 중반 처음 삼척 갈남과 신남을 찾은 것은 바다가 아름다워서였다. 그때 사진작가들 사이에서 갈남 앞바다의 뾰족한 바위지대가 아름답다고 소문나기 시작할 때였다. 바위는 불그스름했고, 바다는 파랬다. 슬로셔터로 파도가 훑고 지나가는 모습을 찍어놓고 인화를 해보면 꽤 신비해보였다. 게다가 해신당 언덕에서 내려다본 풍광은 장쾌했다. 뒤편 산줄기는 다 부졌고, 앞 바다는 망망했다. 지금은 해안에 나무판을 얹은 산책로가 들어섰다. 남근상은 과거 해안지방 사람들이 바다를 얼마나 두려워했으며 자연에 대한 겸허함을 가졌는지를 보여준다. 물론 지금의 남근상은 신앙의 대상이 아니라 눈요기로 전락하긴 했지만 말이다.

춘천 김유정: 흙과 밥과 몸의 해학

김유정은 1908년 강원도 춘천시 신동면 증3리 실레마을에서 태어났다. 김유정이 스물아홉 살에 요절하기 전까지 발표한 30편에 가까운 단편들은 대부분 실레마을을 무대로 삼아 1930년대 농촌 상황을 해학적으로 그려냈다.

김유정은 수필 '오월의 골짜기'에서 고향을 이렇게 소개했다.

"나의 고향은 저 강원도 산골이다. 춘천 읍에서 한 이십 리 가량 산을 끼고 꼬불꼬불 돌아 들어가면 내닿는 조그마한 마을이다. 앞뒤 좌우에 굵직굵직한 산들이 삑 둘러섰고 그 속에 묻힌 아늑한 마을이다. 그 산에 묻힌 모양이 마치 옴팍한 떡시루 같다 하여 동명을 실레라 부른다."

김유정 문학의 해학성을 대표하는 단편 '봄봄'은 바로 실레마을에서 실제로 일어난 일을 소재로 삼았다. 소작농을

김유정 문학촌 ⓒ 손민호

김유정 박물관 ⓒ 손민호

관리하는 마름이 딸을 미끼로 내세워 농촌 총각을 데릴사위 후보로 삼아놓고선 3년이 되도록 일만 부려 먹다가 벌어진 이야기다. 그는 딸이 아직 어리다는 이유로 혼례를 계속 미루다가 급기야는 사위가 됐어야 할 사내랑 싸움을 벌인다. 실레 마을에서 야학 활동을 하던 김유정이 목욕하고 돌아오다 그 싸움을 구경을 한 뒤 소설을 썼다고 한다.

이 소설의 화자 '나'는 신부가 될 점순이의 키가 성숙한 여인처럼 크지 않다는 이유로 혼례를 올리지 못해 애가 탄다. 순박하고 어리숙한 성격인지라 장인과 끝까지 싸워보지도 못한 채 투덜대기만 한다. 김유정은 그런 사내의 애끓는 심정을 희화적 문체로 그려낸다. 그 풍경은 요즘 시대로 치면 마치 '몸 개그'에 가깝다.

> "모를 붓다가 가만히 생각을 해보니까 또 싱겁다. 이 벼가 자라서 점순이가 먹고 좀 큰다면 모르지만 그렇지도 못한 걸 내 심어서 뭘 하는 거냐. 해마다 앞으로 축 불거지는 장인님의 아랫배를 불리기 위하여 심곤 조금도 싶지 않았다."

'나'는 장인의 배를 채우기 위해 노동력을 더 이상 착취 당하고 싶지 않다고 한 뒤 "아이고, 배야"라고 꾀병을 부리며 나자빠진다. 이를 본 장인이 달려와 멱살을 잡고 뺨을 치면서 다툼이 벌어진다. 두 사내의 몸이 뒤엉키는 발단과 전개 그리고 결말까지 모두 희극이다. 그 희극 밑에는 김유정 서사의 기본 질료인 흙과 밥과 몸의 해학이 들어있다.

'나'는 흙을 몸으로 가꿔 밥을 빚어내 어린 신부를 먹이려

하지만 신부의 몸은 그 밥을 제대로 받아들이지 않는다. 대신 '나'를 이용해 밥을 먹는 장인의 몸에만 좋은 일을 시켜준다. 한 가족을 이뤄야 할 세 명의 몸이 먹는 밥이 서로 따로 도는 관계를 이룬다. 마침내 '나'의 몸이 이렇게 왜곡된 흙과 밥과 몸의 관계를 거부한다. 세 명을 엮던 질서가 희극적으로 허물어지는 과정이 몸 개그에 가까운 서사로 그려진다.

김유정은 단어 하나하나에 유머를 담아 짧은 에피소드에서도 해학을 맛보게 하기를 되풀이한다. 그런 해학의 연쇄 작용이 일어나면서 소설 속 인간관계 전체가 한 시대의 우스꽝스런 단면을 보여주는 풍속화가 된다. 이 소설이 발표된 1930년대엔 실제로 가난한 농촌 총각들이 장가들기 어려운 탓에 처가가 될 집에서 머슴살이를 하다가 총각 귀신 신세를 면하곤 했다고 한다. 운이 나쁘면 뼈 빠지게 일만 하고 이런저런 이유로 혼례를 치르지 못한 경우도 있었다는 어처구니 없는 상황이 김유정 소설에 해학의 토양을 제공한 셈이다.

김유정은 판소리의 해학성을 근대 소설에 접목시켜 한국적 웃음의 맥도 제대로 살려냈다. 이 소설에서 욕심 많고 성질이 고약한 장인을 묘사한 대목은 마치 판소리에서 못된 사람을 희화화하는 방식을 그대로 닮았다.

> "뻔히 마름이란 욕 잘하고, 사람 잘 치고, 그리고 생김 생기길 호박개 같아야 쓰는 거지만 장인님은 외양이 똑됐다. 장인에게 닭 한 마리나 보내지 않는다든가 애벌논 때 품을 좀 안 준다든가 하면 그해 가을에는 영락없이 땅이 뚝 떨어진다."

김유정 소설은 토속 정서와 방언을 바탕으로 한국적 해학의 전통을 현대 소설에 제대로 접목시켰다는 점에서 남다른 문학사적 의미를 지닌다. 그래서 김유정 소설이 여전히 한국인들에게 사랑받는 까닭이기도 하다. 김유정 소설의 흔적을 찾아 실레마을을 찾는 사람이 적지 않다. 실레마을엔 김유정 문학촌이 있다. 이곳에서 1시간 30분 넘게 걸어 다니다 보면 김유정 소설의 다양한 인물과 사건을 떠올리게 하는 숱한 길들이 등장하는데, 여기를 '실레이야기길'이라고 부른다. '점순이가 나를 꼬시던 동백숲길', '덕돌이가 장가가던 신바람길', '맹꽁이 우는 덕만이길' 등등이 이어진다.

김유정 생가 툇마루에 앉으면 그의 소설 배경이 한 눈에 들어온다. 실레마을을 둘러싼 금병산에는 김유정 문학을 되새기면서 걸을 수 있는 등산로가 있다. 김유정 문학은 그렇게 몸으로 느끼며 재음미하라고 독자들을 유혹한다. 실레마을의 흙과 그곳 사람의 몸과 그들이 먹던 밥을 뒤섞은 것이 김유정 문학이기 때문이다. 걷다보면 김유정의 발랄한 웃음소리가 마치 바람결에 묻어온 소리인양, 길섶에 핀 들꽃이 내는 소리인양, 나무를 보듬는 햇살에서 쏟아지는 소리인양 들린다.

© 손민호

충청

서산 해미읍성 – 끈기
보령 이문구 – 해학
충주 신경림 – 해학
충주 탄금대 – 흥
아산 이순신 기념관 – 예의

서산 해미읍성

    서산 해미읍성에 가면 늘 한국인의 종교에 대한 생각을 하게 된다. 대체 한국인은 무엇을 믿는가? 종교적인 면에서 보면 한국은 특이한 나라다. 불교·천주교·기독교 등 모든 종교를 골고루 믿는다. 세계에서 이런 나라는 드물다. 중국과 일본만 하더라도 기독교도는 소수이다. 아시아 3국 중에서도 한국, 한국인은 종교를 받아들이는 데에도 뭔가 달랐으리라.
    서해대교를 건너 서해안고속도로를 타고 해미 IC로 들어가면 해미읍성을 마주하게 된다. 읍성 바로 앞에 읍내가 있으니 성과 도시가 서로 붙어 있는 셈이다. 해미읍성은 참 단단하고 우람하게 생겼고, 성이 웅장하고 위엄 있다. 해미는 소도시로 시_市가 아니라 면_面이다.

> "이런 큰 성이 있었다면, 지금은 작을지 몰라도 과거에는 제법 중요한 도시였을 것이다. 아니면 군사적 요충지였거나…."

    십 수 년 전 처음 성을 찾았을 때 대체 해미는 어떤 곳이었을까 하는 궁금증이 들었다. 아니나 다를까 『신증동국여지승람』에 태종 때 병마절도사의 병영이 있던 곳이라고 나와 있다. 병마절도사는 지금으로 치면 각 도에 파견된 지역사령관이다. 전국에 16명 정도 있었다고 한다. 충무공 이순신도 이곳에서 근무했단다. 그만큼 지정학적으로 중요한 곳

해미읍성

이었음이 분명하다.

　서해안은 새 문화의 유입로였다. 300년 전만 해도 세계의 중심은 중국이었고, 자연스레 서해안은 중국과의 교류가 활발해졌다. 서울로 올라가는 수륙교통이 좋았기 때문이다. 불교도 다른 지역에 비해 빨리 전해졌고 천주교도 마찬가지였다. 서해안과 충남 일대의 천주교 순교지만 모두 16곳이나 된다.

　서해안은 조선의 문화·경제 벨트였다. 동해안은 망망대해이고, 앞에 섬들조차 보이지 않는다. 울릉도는 가장 가까운 삼척 원덕에서 137㎞나 떨어져 있다. 게다가 백두대간의 중심축인 산줄기가 동해안을 타고 뻗어 있어 진입하기가 쉽지 않다. 네덜란드가 무역을 위해 '코레아'라는 나라를 찾던 17세기, 한국에 표류했다가 네덜란드로 돌아간 하멜도 『조선왕국기』에서 코레아는 서해안으로 접근해야 한다고 썼다. 그 이유로 만 한가운데 있거나 만 앞에 있는 남해안이나 동해안에는 눈에 보이거나 보이지 않는 절벽과 암초가 많기 때문이라고 들었다. 조선의 뱃사람들도 서해안이 가장 좋다고 말해줬다고 증언했다.

해미읍성은 그런 역사를 더듬어볼 수 있는 성곽이었다. 세월의 더께가 내려앉은 성곽은 옛 모습은 그대로이다. 돌마다 때가 묻어있다. 모서리마저 닳아서 돌들은 둥그스름해졌다. 성안의 동헌은 새로 복원된 것이라, 옛스런 맛이 덜하긴 하지만 그래도 성은 아늑하다. 지금은 마을 사람들의 산책 코스가 됐지만 해미 읍성은 한국 종교사에서 꽤 중요한 유적지다. 한없이 평화로워 보이는 요즘의 모습과는 반대로 천주교 박해가 가장 심했던 곳 중 하나였다. 무려 해미에서만 1,000여 명이 순교했으니 말이다. 당시 해미 인구가 얼마인데, 순교자가 그렇게 많을까? 해미가 병마절도사가 있는 절이라 신자들은 해미에서 재판받고 처형됐다. 천주교 자료에는 100년 동안 3,000명이 처형됐다고 전해진다.

역사는 이렇다. 1868년 독일 상인 오페르트가 덕산에 있는 남연군 묘를 파헤쳤다. 남연군은 흥선대원군의 아버지이자 고종황제의 할아버지다. 오페르트를 안내한 사람이 천주교인이었음을 안 조정은 천주교 박해에 박차를 가했다. 모든 천주교도를 잡아들이라고 명했다. 현감은 직접 처형할 수 있는 권한까지 부여받았다.

성 안에는 천주교도들을 가뒀던 감옥 터가 남아 있다. 그 앞에 가지가 부러진 수령 600년의 호야나무(회화나무) 한 그루가 있다. 수령 600년이라는데, 실은 그리 오래된 나무처럼 보이지 않는다. 회화나무는 원래 선비나무이다. 집안에 심으면 가문이 번창한다고 해서 학자나무로 알려져 있으며 상서롭다 해서 길상목(吉祥木)이라 했다. 그런데 이 회화나무에다 천주교도들을 대롱대롱 매달았단다. 천주학을 버리지 않으면 죽이겠다는 엄포에도 불구하고 신자들은 죽음을 택했다. 당시 호야나무는 골고다의 십자가였다. 서문 밖에는 고인돌처럼 넓적한 자리개돌이라는 게 있다.

"이게 빨래판 같은 게 뭐죠?"
"자리개돌인데요, 병사들이 신자들의 팔과 다리를 잡고 몸을 들어 올렸다가 돌에 던져 죽였답니다. 그 걸 '자리개질'이라고 했대요."

해미읍성 진남문

해미읍성에서 500m쯤 떨어진 곳에는 해미성지가 있다. 과거 여숫골로 불렸는데 '예숫골', 즉 예수를 믿는 지역이었단 뜻이다. 진둠벙이란 연못에는 신자들을 빠트려 죽였다. 진둠벙은 '죄인둠벙'이었다.

당시 충청도 지방에서 천주교를 믿었던 신자 대부분은 민초들이었다. 아니, 왜 사람들은 죽음을 무릅쓰고 천주교를 받아들였을까? 당시 서양의 눈에도 한국의 순교는 뜻밖이었다. 송호근 서울대 교수는 『인민의 탄생』에서 공자의 나라 조선에서 수많은 하층민들이 낯선 종교에 의지해 죽음의 길을 택하는 것이 서양인의 눈에도 기적 같았다고 썼다.

왜 그랬을까? 사실 당시 유교는 단순한 통치이념이 아니라 종교였다. 임금부터 고위관료, 백성에 이르기까지 철저하게 유교사상으로 물든 조선은, 외부인의 눈에는 국가 종교가 없었다고 보였을지 몰라도 실은 단단한 종교국가나 다름없었던 것이다. 천주교가 그렇게 민초의 마음을 흔든 것은 무엇 때문이었을까. 송호근 교수는 유교의 천리를 하늘의 주인 천주로 대체하자 새로운 신앙에 수많은 개종자들이 속출했다고 분석했다. 내세관은 새롭지만 원리는 비슷했고, 그에 주민들이 열광했던 것이다.

해미를 중심으로 서해안에는 김대건 신부의 출생지인 솔뫼성지를 비롯하여, 공세리 성당, 합덕 성당 등 천주교 유적이 많다. 해미에 가면 늘 생각해본다. 신앙이란 결국 그 나라 사람들의 사고방식과 연결돼 있기 때문에 삶에 영향을 미친다. 신앙은 바로 문화 유전자의 골수이다.

보령 이문구: 슬픔을 감춘 해학

소설가 이문구는 1941년 충남 보령군 대천면 대천리 갈머리마을에서 태어났다. 갈머리 마을은 관촌마을로도 불렸다. 머리에 관을 쓰는 선비들이 많이 나왔다고 해서 '관촌부락冠村部落'이라고도 했기 때문이다. 지금은 충남 보령시 대관동으로 바뀌었다.

이문구는 고향을 무대로 한 연작 소설을 묶어 1977년 『관촌수필』을 펴냈다. 그가 묘사한 고향 풍경은 이랬다.

> "어느덧 하루의 피곤이 짙게 물든 해는 용마루 위 서산마루로 들어눕는 중이었고, 굴뚝마다 쏟아져 나와 황혼을 드리웠던 저녁 연기들은, 젖어드는 땅거미와 어울려 처마끝으로만 맴돌고 있었다."

『관촌수필』은 곰삭은 충청도 방언으로 구수한 입담을 늘어놓으며 토속적 글맛이 풍성한 소설집이다. 충남 예산에 사는 어느 시인은 "충남 방언엔 긍정과 부정이 반반씩 섞여 있다"고 했다. 가령 충남 사람이 타지역 사람과 약속을 정할 때 대번에 "알았시유"라고 하면 80%가 거절의 뜻을 담는다고 한다. 세 번 넘게 부탁을 하거나 확인해야 겨우 긍정과 동의를 뜻하는 "알았시유"가 나온다는 얘기다.

이문구의 『관촌수필』은 그런 충남 방언의 다의적 맛을 잘 살리면서 꼼꼼히 뜯어 읽을수록 맛깔 나는 재미를 선사

이문구 『관촌수필』

한다. 그런데 이 책은 얼핏 보기에 활달한 충남 방언으로 사람살이의 생생한 맛을 묘사하는 듯했지만 그 밑으론 거대한 슬픔을 삼키고 있기에 속 깊은 울림의 여운도 남긴다. 6.25 전쟁이 한바탕 훑고 간 뒤 관촌 마을을 무대로 삼아 작가의 집안과 마을이 민초들이 겪어야 했던 수난을 밑바닥에 감추어두고 있기 때문이다.

이문구 집안은 토정 이지함의 후손이었다. 이문구 부친이 남로당으로 활동했다가 6.25 때 처형당하면서 집안이 풍비박산이 났다. 몰락한 선비 집안의 후손이 된 이문구의 성장기는 거센 바람 속에 휘둘리는 연약한 풀잎 같았다. 그렇게 어렵게 자란 이문구는 커서 작가가 돼 서울에서 살다가 때때로 고향을 찾아 지나간 세월의 조각들을 맞추어 보며 『관촌수필』 연작을 하나 둘 씩 발표했다.

이 책의 아무 곳이나 펼치면 불쑥 불쑥 튀어나오는 충남 사투리에 질펀한 해학이 꿈틀거리기 일쑤다. "너 멥 살 먹었네?"라고 물으면 "멥쌀 두 먹구 찹쌀도 먹구, 열두 가지 곡석 다 먹었슈."라는 답이 나오는 장면이 그렇다. 약장수가 떠도는 소리도 해학 투성이다. "베르구 벨러 모처럼 한 번 척 올러타면 방덩이가 무지근허구 뻐근한 것이 생각이 싹 가셔버린단 말이여. 게 슬그머니 내려오면서 츕츕한 부랄 밑에 손을 쓱 늫보면…"

『관촌수필』에서 작가가 먼 유년의 시절을 추억하는 문체는 구수하기만 한 게 아니다. 할아버지로부터 배운 한학漢學 실력에 바탕을 둔 유장하고 유려한 문체도 글맛을 더한다. 비루한 현실에 던져진 고귀한 내면의 사람이 겪는 비애를 짙게 나타내는 효과를 거둔다. 그러다가 작가가 고향에 남은 친구들이 겪은 일을 구술하듯이 전할 때는 해학이 잔뜩 넘치는 어조가 활기를 띤다. 이 책에 실린 단편 중 1970년대 농촌 풍경을 생생하게 담은 '여요주서輿謠註序'가 대표적이다. 이 소설은 작가가 '매사에 물렁하고 심지 좋던' 친구 신용모가 친구 아들을 도우려다 야생동물을 불법으로 잡은 범죄자로 몰려 곤욕을 치른 이야기를 전하고 있다.

'신경이 무디고 됨됨이가 헐렁한' 충청도 농사꾼인 그 친구는 친구 아들이 잡은 꿩을 장에 가서 대신 팔아주려고 하다가 경찰에 붙잡힌다. 그는 동네 유지에게 부탁해 일을 해결해보려고 하지만 제대로 되지 않는다. 그 유지는 시골 다방에 와서 거드름 피우기만 한다. "미쓰 정 거시기 말여, 부군수 들어왔나 즌화 좀 봐. 있으면 나 여기 있다구 허구." 라는 식이다. 결국 순박한 농사꾼 신용모는 '재수 없으면 송사리 헌티 좆 물린다'는 식으로 약식 재판에 기소되고 만다.

그런데 이 소설에서 해학은 당대 현실에 대한 풍자로 이어지기도 한다. 억울하게 붙잡힌 농민을 야생동물 보호법을 어긴 피의자로 만든 경찰의 엄중한 한자투성이 조서가 권위주의 시대의 단면을 풍자하는 것이다.

"피의자 신용모는 상기 거주지에서 소낙지의 농업에 종사하여 생계하는 자로서 평소 전작물에 생치의 피해가 다대하다고 인정하야 생치 구제에 부심하던 중…"

『관촌수필』이 구사하는 해학엔 민초의 설움을 달래는 웃음이 담겨있다. 순박한 민초들이 거칠고 험한 세상을 요령껏 살아가면서 속으로 삼키는 눈물을 은근한 웃음으로 덮어 마르게 한다. 이문구의 글 속에서 민초들은 웃음으로 고단한 삶을 달래기에 웃음의 미덕을 누린다. 그러나 그들을 억누르는 권력은 지나치게 고지식하기 때문에 웃음을 잃은 채 겉보기와는 달리 사실상 우스꽝스럽기 짝이 없다.

보령시 청라면 장산리에는 이문구가 생전에 집필실로 쓴

무량사 극락전

오두막이 남아있다. 이문구는 방 한 칸에 마루 하나 그리고 작은 부엌이 딸린 이 집에서 십년 넘게 글을 썼다고 한다. 이문구 집필실에서 멀지 않은 곳에 토정 이지함의 위패를 모신 화암서원花巖書院이 오봉산을 등진 채 서있다. 토정이 세상을 뜨자 그곳 유림들이 그를 추모하여 세웠고 세월이 지나 쇠락해지자 이문구의 조부가 다시 세웠다고 한다.

보령 성주산에는 삼국 시대 때 세운 성주사聖住寺 터가 있다. 이 절은 백제 무왕이 처음 세워 오합사烏合寺로 불리다가 나중에 신라 문성왕이 당나라 유학을 마치고 돌아온 무염국사 낭혜 스님을 맞아 중창한 뒤 성주사로 불렸다고 한다. 최치원이 열반에 든 무염국사를 위해 쓴 비문이 남아있다. 웅장한 사찰 건물은 대부분 소실됐으나 보물로 지정된 오층 석탑과 삼층 석탑이 일렬로 늘어서 있다.

보령의 명물이라면 남포藍浦 벼루가 꼽힌다. 성주산 아래 수성암 지대가 가장 좋은 벼룻돌을 제공한다. 조선 시대 실학자 남해응이 "금성이 흩어져 있는 남포석 벼루는 그 덕이 글과 같고 한번 숨을 내쉬면 이슬이 맺힌다."고 찬탄했다. 현재 남아있는 추사 김정희의 벼루 세 개중 두 개가 남포벼루라고 한다.

보령에서 가까운 부여군에는 무량사無量寺가 있다. 매월당 김시습이 이곳에서 세상을 떴다. 이문구는 장편 『매월당 김시습』을 썼다. 그가 낸 소설치고는 꽤 팔려 작가에게 적지 않은 도움이 됐다고 한다. 조선 시대의 선배 작가가 고생하면서 독보적 소설 미학을 일군 후배 작가에게 구원의 손길을 내민 셈이다.

충주 신경림: 거꾸로 말하는 해학

신경림은 1935년 충북 충주에서 태어났다. 그는 1956년 시인으로 등단한 뒤 얼마 지나지 않아 창작을 접고 고향으로 내려갔다. 충주와 그 주변 지역에서 농사도 짓고, 장사도 하면서 입에 풀칠을 했다고 한다. 10여 년 넘게 시인으로 활동하지 않은 채 생활인으로 지내더니 1970년대에 들어와 몸소 겪은 농촌 공동체의 애환을 담은 시를 봇물 터지듯 내놓았다. 결국 그는 시집 『농무』를 펴내면서 민중시의 새 물꼬를 텄다는 평가를 받았다.

신경림의 시에서 농촌 공동체의 상징 공간은 시골 장터로 집약되곤 했다. 그러나 그의 시는 장날의 흥청거림이 빚어내는 삶의 활기를 그려내지 않았다. 파장이 될 무렵부터 시나브로 사그라드는 축제의 열기 이후 저녁 어스름 속에서 피어나는 삶의 애수를 암시적인 이미지와 절제된 가락으로 형상화했다. 그의 대표작 『농무』는 이렇게 열렸다.

"징이 울린다 막이 내렸다
오동나무에 전등이 매어달린 가설무대
구경꾼이 돌아가고 난 텅빈 운동장
우리는 분이 얼룩진 얼굴로
학교 앞 소주집에 몰려 술을 마신다"

그 농민들은 '답답하고 고달프게 사는 것이 원통하다'고 절규하지만 높이 외치진 않는다. 비료 값도 안 나오는 농사에 지친 마음을 모처럼 장날에 함께 어울려 춤을 추는 몸짓으로 해소하면서 속으로 깊이 울음을 삼킨다. 그런 삶의 태도는 초기작 '갈대'에서 "산다는 것은 속으로 이렇게 조용히 울고 있는 것"이란 시구가 표현한 바와 같은 것이다. 신경림의 농민들은 저문 장터에서 다시 피리와 날나리를 불면서 "우리는 점점 신명이 난다"고 스스로를 위로하는 몸짓에 빠져든다. 맨주먹과 소리 없는 아우성 말고는 지닌 것이 없는 사람들이 서로 어울리는 현장에서 슬픔의 동질성이 형성된다. 그러기에 "우리는 점점 신명이 난다"란 표현은 그런 민중의 연대감을 구체화한 반어법의 해학을 담고 있다. 신경림은 시 '파장'에서 그런 상황을 "못난 놈들은 서로 얼굴만 봐도 흥겹다"란 해학적 표현으로 그려내기도 했다. 신경림의 시구 중에서 가장 널리 인용되는 것이 아닌가 싶다.

신경림 『농무』

신경림의 민중시는 풍자의 공격성을 생경하게 드러내지 않는다. 대신 자조적이고 반어적인 수사학으로 민중의 삶에 대한 연민을 해학의 거울에 비추어 보여준다. 그렇게 에둘러 말하기 때문에 신경림의 민중시는 직설적 전투성으로 무장한 민중시보다 훨씬 더 독자의 정서적 공감을 증폭시키는 효과를 거둔다. 매서운 풍자 정신보다 연약한 해학의 넋두리가 더 강력한 힘을 발휘한 것이다.

신경림의 고향에 가면 목계나루터가 있다. 1950년대까지만 해도 남한강을 타고 전국 각지의 생산물이 몰리던 물류 집산지였다. 서울에서 소금배나 새우젓배가 오면, 충청도와 강원도 경상도에서 쌀과 콩과 담배를 실은 달구지가 나루터에 모였다고 한다. 몇 년 전 신경림과 함께 목계나루터를 찾았을 때 그는 "흥청거리는 목계장터에는 색시집도 많았어. 정월에는 각 지역 대표 줄다리기 시합도 열렸지"라고 회상했다. 그는 충주고등학교 학생 때 평론가 유종호, 전 외무장관 홍순영과 함께 문예반을 이끌었다.

> "우리는 버스를 타고 목계나루까지 와서 술을 마셨지. 홍순영이는 나중에 정신을 차려 문학을 안 하고 공부를 잘했으니까 출세했지."

목계나루터에는 신경림의 대표시 '목계장터' 시비가 서 있다.

'하늘은 날더러
구름이 되라 하고
땅은 날더러 바람이 되라 하네
(…)

석 삼년에 한 이레쯤 천치로 변해
짐 부리고 앉아 쉬는 떠돌이가 되라 하네'

모진 세월이 닥치면 떠돌이 장사꾼도 '천치'처럼 앉아서 고난을 피해가는 것이야말로 힘없는 민초가 현실의 폭력에 조용히 해학적 삶의 태도로 저항하는 것이 아니겠는가. 천치의 지혜에는 해학의 반어법이 들어있는 셈이다.

신경림은 시 '목계장터'에 대해 "유신 시대의 암울한 상황 속에서 살던 내 심경을 노래한 것"이라고 말했다.

"1975년인가 김지하 시인이 민청학련 사건에 연루돼 사형선고를 받은 뒤 나와 평론가 염무웅이 강원도 원주의 김지하 가족을 위로한 뒤 돌아오다가 목계나루터에서 시 한편을 떠올렸어. 하지만 이런 시대적 은유를 몰라도 돼, 시는 그냥 시니까."

신경림 시인은 일상 대화에선 해학꾼의 입담을 구수하게 늘어놓는다. 그는 1970년대 문단 풍경도 곧잘 기억해 그 시절을 해학적으로 되돌아본 산문집도 냈다.

"유신 정권 퇴진 운동이 문단에서도 한창일 때였지. 문인들이 모여 시위를 하기로 했어. 이러저러한 사람들이 열변을 토하고 다음날 시위를 하기로 약속했지. 그런데 소설가 이문구는 말없이 듣기만 하더군. 다음날 정해진 시위 장소에 약속대로 제시간에 맞춰 나온 이는 이문구 혼자뿐이었어. 나머지는 겁이 나니까 일부러 늦게 나왔거나 거리를 두고 숨어서 지켜봤지."

충주 탄금대彈琴臺 : 우륵의 가야금

"서러움, 열두줄 가야금의 흥으로 삭이다"

'풍류'. 자유로운 영혼에서 나오는 멋과 소리이다. 자유로운 영혼하면 떠오르는 것이 니코스 카잔차키스가 소설로 쓴 '그리스인 조르바' 아닌가. 그러나 조르바에게는 자유로운 영혼은 있을지 모르나 우리 전통의 '풍류의 멋'과 같은 것은 없다. 우리 역사에서도 그리스인 조르바 같은 인물을 찾는다면, 우선 백결선생百結先生을 들지 않을 수 없다.

소설가 김동리의 맏형 범부凡父 김정설金鼎卨, 1897~1966. 일명 김기봉(金基鳳) 이하 김범부이 쓴 『화랑외사花郞外史』에 흥미롭게 스토리텔링되어 있는 것처럼, 삶 자체가 예술 같다. 그러나 그는 가난하여 백번을 기워서 입는 정도의 누더기 옷을 입고 다녔는데 그 모양이 마치 메추리가 매달린 것 같았다고 전한다. '백결百結'이란 옷을 '백번 기웠다'는 가난함의 은유에서 나온 말이다. 김범부는 백결선생의 말을 재현한다.

> 모든 것이 이 화기(和氣)가 안목(眼目)이란 말이야. 그런데 이 화기는 사우(調和)로써 지니게 되는 법이요, 사우는 절로(自然)이루어지는 법이요, 절로는 제빛깔(自己本色)로써 들어가는 법이요. (중략) 모든 것이 제 길수(自然之理)를 얻어야 하는 것인데, 이 제 길수란 곧 사우를 맞게 하는 그것이야. 그래서 사람의 생각대로 완전한 사우가 맞을 때, 그것이 제작(天人妙合)이란 거야. 이 지경에 가면 아무 거칠 것도 박힐 것도 없는 것이니, 말하자면 그냥 터져버리는 것이야.

탄금대에서 바라본 남한강풍경: 이 근처로 가야금 소리가 울렸으리라

신라의 풍류, 멋은 바로 〈사우맞음₍조화₎-절로₍자연₎-제빛깔₍자기본색₎-제작₍천인묘합₎〉을 말한다.

그런데, 이렇게 풍류를 찾던 신라인 조르바 백결선생 외에 누군가 또 한 사람 '풍류의 영혼'을 들어달라면, 누구를 호명할까. 망국 가야₍伽倻₎의 디아스포라 '우륵₍于勒₎'일 것이다.

거문고를 제작하고 연주한 고구려의 왕산악₍王山岳₎, 정확한 음률₍音律₎을 확립하고 악보를 편찬한 조선의 박연₍朴堧₎. 이 두 사람과 더불어 우륵은 한국 3대의 악성₍樂聖₎으로 추앙되고 있다.

우륵은 조국인 가야의 패망을 목전에 두고, 당시 적국인 신라에 망명하여 가야의 음악을 완성시킨 음악인이다. 그는 제자 이문₍泥文₎과 함께 가야의 음악과 가야금을 안고 신라에 망명한다. 우륵이 소중하게 품고 간 '가야₍伽倻₎의 현악기₍쪽₎'인

'가야금 '가얏고' 라고도 함'이란 명칭은 『삼국사기 三國史記』에서 처음 보인다.

우륵이 제조한 가야금은 가실왕 嘉悉王/嘉實王의 염원에 따른 것이라 한다. 가실왕의 부름을 받고 우륵은 서로 다른 나라의 방언 方言과 소리[聲音]를 음악으로써 '하나 됨=통일'을 꾀해 보고자 하였다. 따라서 중국악기인 쟁 箏을 모델로 하여 12현의 악기인 가야금을 제조하고, 12곡을 지었다.

악기를 보면, 몸체의 윗부분의 둥근 것은 '하늘'을, 아랫부분의 평평함은 '땅'을 형상한다. 그리고 가운데 부분의 빈 곳 中空 즉 공명통 共鳴筒. 울림통은 육합 六合. 천지사방=하늘·땅·동·서·남·북을 상징한다. 12현은 열두달이며, 줄을 받치는 안족 雁足은 삼재인 하늘 天·땅 地·사람 人을 의미한다.10) 이처럼 가야금에는 동양의 우주관과 자연운행의 원리가 담겨 있다. 아울러 이것이 한국음악을 이루는 원리가 된다.

우륵은 조국을 멸망시킨 나라 신라에 망명하여, 디아스포라로서 분노와 좌절을 삼키면서 망국 亡國 가야의 영혼을 지켰다. 그의 열정은 음악으로 하나 됨을 구현한 것이다. 아! 가수 백난아가 불렀던가. 「직녀성」이란 흘러간 가요에서처럼 '가야금 열 두 줄'은 그대로 '설움'의 흥을 돋구는 것이 아니었을까.

낙엽이 정처 없이 날리는 밤에
꿈으로 아로 새긴 정한 십년기
가야금 열 두 줄에 설움을 걸어놓고
밤마다 그리웠소 울고 싶었소.

악성우륵(樂聖于勒)

　우리나라 3대 악성중의 한 분이다. 본래 가야국(伽倻國)의 악사(樂士)로 가실왕(嘉悉王)과 함께 당나라 악기를 보고 가야금을 만들어 가야지방의 향토음악(鄕土音樂) 12곡을 지었다.
　우륵은 가야국이 멸망할 것을 알고 가야금을 갖고 제자 니문(尼文)과 더불어 신라에 귀화했다. 신라 진흥왕은 그들을 국원(國原)[11]에서 살게 하였으니 지금의 충주이다. 진흥왕 12년(551) 3월에 왕이 낭성(娘城 : 탄금대)을 순시하고 하림궁(河臨宮 : 임시행궁)에서 우륵을 부르니 선생은 새로운 곡을 지어 연주하였다. 왕은 깊이 감동하여 이듬해에 계고(稽古), 법지(法知), 만덕(萬德) 등 세 사람을 우륵에게 보내어 음악을 배우도록 하였다. 우륵은 그들의 재능에 따라 계고에게는 '가야금'을, 법지에게는 '노래'를, 만덕에게는 '춤'을 가르쳐 왕 앞에서 연주케 하였다.
　진흥왕은 매우 만족하게 생각하며 후한 상으로 노고를 치하고 이 음악을 신라의 음악으로 발전 계승시키고자 하였다. 그러나 일부 신하들이 멸망한 나라의 음악이라고 반대를 하자, "가야왕이 음란하여 스스로 멸망하였는데 무슨 죄가 되겠느냐. 대개 성인의 음악을 제정함은 인정에 연유하여 조절하는 것이니 나라의 다스림과 어지러움은 음악곡조에 말미암은 것이 아니다."라고 강한 의지를 보이며 적극적으로 장려하여 오늘까지 전승하게 된 것이다.
　가야금에는 하림조(河臨調)와 눈죽조(嫩竹調)의 두 음조가 있다고 전한다. 하림조는 우륵이 낭성의 하림궁에서 진흥왕에게 새로 지어 연주한 곡이라고 추측된다. 진흥왕은 이 음조에 감동하여 한강유역 확보의 굳은 의지를 다지고 삼국통일의 기틀을 마련하였다고 보인다.
　오늘의 탄금대(彈琴臺)는 본래 대문산(大門山)으로 우륵이 이곳에서 가야금을 탄주(彈奏)하였다고 한데서 붙여진 이름이다. 이 주변에는 가야금과 관련된 지명이 여럿 있으니 금휴포(琴休浦 : 탄금대 강가), 금곡리(琴谷里 : 칠금동), 금뇌리(琴腦里 : 금능동), 청금리(聽琴里 : 창동리)등이다.
　충주에서는 선생의 예술혼을 살리기 위해 해마다 우륵문화제를 개최하고 우륵당을 세워 가야금의 전승 보금을 위하여 노력하고 있다. 이 동상은 선생의 업적을 추모하기 위해 문화관광부의 동상·영정 제작심의 위원회 고증을 거쳐 제작한 것이다.

　　충주시 「우륵당」의 '악성우륵상(樂聖于勒像)' 소개 글 전문

우륵당 앞의 우륵상

우륵의 음악에 감동한 진흥왕은 그의 음악을 신라의 것으로 삼았다. 이후 그의 음악은 일본에까지도 전해졌다. 진흥왕은 그를 충주(당시 지명은 '국원(國原)')에 터를 정하여 살게 하고는 신라 청년들을 뽑아 보내서 음악을 배우게 하였다. 우륵은 이들에게 춤과 노래와 가야금을 가르쳤는데, 커다란 바위에 앉아 가야금을 타면 그 신묘한 소리에 사람들이 모여들어 마을을 이루었다고 한다. 금휴포(琴休浦: 탄금대 강가), 금곡리(琴谷里: 칠금동), 금뇌리(琴腦里: 금능동), 청금리(廳琴里: 창동리) 등은 그때의 숨결을 담은 마을 이름이란다. 우륵이 가야금을 타면 근처의 이들 마을에서도 그 흥겨운 소리가 들렸으리라 생각하면 참 정겨워진다.

우륵이 가야금을 연주하던 곳 '탄금대(彈琴臺)'는 원래 대문산(大門山)으로 불리던 작은 산이다. 그 밑으로 유유히 흐르는 남한강과 달천이 합류한다. 탄금대 뒷편으로 '열두대'의 기암절벽이 펼쳐지고, 울창한 소나무 숲이 가야금 현처럼 부드럽게 줄지어 서 있다.

탄금대는 「탄금대 사연」이란 노래(1968년 발표, 이병환 작사, 백봉 작곡, 주현미백진주 노래)를 통해, 우륵과 임진왜란 때 이곳에서 자결한 신립장군(申砬將軍)을 기리고 있다. 노래 가운데, 2절 '우륵' 부분만 보면 이렇다.

송림이 우거져서 산새도 우는가요
가야금이 울었다고 탄금인가요
우륵이 풍류읊던 대문산 가는 허리
노을진 남한강에 님 부르는 탄금아가씨

가야는 망했다. 그러나 탄금대(彈琴臺)에서 가야금을 탄주(彈奏)하던 우륵의 영혼과 노래 소리는 신라를 거쳐, 오늘의 우리 문화 속에서 살아 숨 쉬고 있다. 음악을 통해 자유로운 영혼을 지켰던 우륵과 그의 가야금. 백결선생의 거문고와 함께 우리 흥의 화음을 지켜오는 금슬(琴瑟) 아닌가.

대문산입구의 탄금대비

아산 이순신 기념관

이순신: '충절' 그리고 '오동방예의지방국吾東方禮義之邦國**'의 자각**

　1598년 11월 19일 새벽, 노량해전에서 어디선가 날아온 탄환에 누군가가 쓰러졌다. 그는 "싸움이 급하다. 내가 죽었다는 말을 하지 말라!戰方急, 慎勿言我死"며 자신의 죽음을 방패로 가리게 했던 충무공 이순신李舜臣·

　전장에서 그는 하늘을 가리키며 "내 명은 저기에 달렸는데 어찌 너희들에게만 적과 싸우게 할 수 있겠느냐?"며 부하들 앞에서 솔선수범 전투를 이끌었다.

　1597년에 선조의 명령을 거부한 죄로 감옥에 갇혀 죽음의 위기에 처해 있을 때에도 "죽고 사는 것은 천명이다. 죽게 되면 죽는 것이다."라며 죽음을 두려워하거나 피하지 않았다. 죽음을 두려워하지 않는 무인으로서의 담대함은 종묘와 사직을 대하는 기본 예의였으리라.

　유성룡柳成龍은 『징비록懲毖錄』에서 이순신을 이렇게 평했다. "말과 웃음이 적고 용모가 단정하며, 몸을 닦고 언행을 삼가는 것이 선비와 같았지만, 한편 그 속에는 담기가 있어서 자기 몸을 잊고 국난을 위하여 목숨을 바쳤으니, 이것은 평소에 축적한 것이다."

그렇다. 이순신은 문무를 겸비된 인물이다. 그의 『난중일기_亂中日記_』 1593년_계사년_ 3월 22일 조에는, 우리나라가 '예_禮儀_'와 '의리_義理_'의 국가임을 강조한다. 그럴수록 그는 온 나라를 쑥대밭으로 만드는 왜적의 침입을 참담해한다.

> 이제 섬 오랑캐가 일으킨 변란은 천고에도 들어보지 못한 바이고 역사에도 전해진 적이 없는 일이다. 영해(嶺海)의 여러 성(城)들은 적의 위세만 보고도 달아나 무너졌으며, 각 진(鎭)의 크고 작은 장수들도 모두 뒤로 물러나 움츠리고 산골의 쥐새끼처럼 숨어버렸다. 임금은 서쪽으로 피난을 가고 연이어 삼경(三京: 경주·한양·평양)이 함락되었다. 종사(宗社: 종묘와 사직)가 풍진을 입어 이 년간 폐허가 되니….
> 약속한 일. 천고에도 들어보지 못한 흉변이 우리 동방의 '예(예의)'와 '의(의리)'의 국가[吾東方禮義之邦國]에 갑자기 닥쳐왔다. (하략)

그러나 그는 단호하다. 「국가를 편안히 하고 사직_社稷_을 안정시키는 일에 충성과 능력을 다하여 죽으나 사나 그렇게 하리라.」 1593년(계사년) 9월 15일 조_고_.

외롭고 고독한 시간을 견디며 무인으로서 국가와 백성의 안위를 걱정하는 심정은 「한산도가_閑山島歌_」에 잘 드러난다.

> 한산 섬 달 밝은 밤에 수루(戍樓)에 혼자 앉아 큰칼 옆에 차고 깊은 시름 하는 적에 어디서 일성호가는 남의 애를 끊나니"

그는 주변의 모함과 시기로 인해 어려운 일에 직면할지라도 오로지 자신의 본분에만 전념하였다.
한편 『난중일기_亂中日記_』에는 무인이면서 유교적 예의를 체화한 그의 문인적·인간적 면모 또한 자주 노출된다.

오늘은 돌아가신 아버님의 생신이다. 슬픔에 젖어 생각을 떠올리니 나도 모르게 눈물이 흘렀다. 늦게 활 열 순을 쏘았다. 또 철전 다섯 순을 쏘고 편전 세 순을 쏘았다.(1595, 을미년 7월 2일)

잠시 우리의 역사를 돌이켜 보면, 역사해방 이후, 특히 박정희 정권기에 퇴계의 문인 이미지 창출에 대응하는 무인 이미지의 대명사는 충무공 이순신이었다.

그런데 근현대기의 역사 속에서 이순신의 이미지는, 흥미롭게도, 무인과 문인 사이에서 '떨림'을 갖는다. 다시 말하면 광복 직후인 1946년 미군정청 체신국에서 만든 충무공忠武公이순신李舜臣 '영정 우표'의 이미지가 무인적인데 비해, 박정희 정권기에 나타나는 이미지는 문인적이다.

이순신의 초상은 1970년 11월 '1백원짜리 주화'에 처음 나타나는데 이것은 월전月田 장우성(張遇聖)의 그림에 근거, 이순신을 주 소재로 한 것은 박정희 대통령의 특별한 관심에 따른 것이라고 한다. 이어서 이순신

영정은 1973년 9월 1일 한국은행에서 '500원권 지폐'를 발행할 때 전면_前面 도안의 소재로 채택되고, 1973년 10월 30일 표준영정으로 지정된다. 이 영정은 1953년 월전_月田 장우성_張遇聖, 1912~2005 화백이 그린 영정이다. 박정희 정권 전기에는 유교나 전통적 요소가 비판되었으나 유신체제기에는 유교 국가관_유교도덕이 강조되며 북한과의 전쟁에 대비하여 무력적인 상징으로서 율곡 이이 _'십만양병설' 주장와 충무공 이순신을 내세운 바 있다. 와중에 이순신의 이미지는 무인적인 데서 문인적인 것으로 이동해가고 있었다. 애당초 이순신에게 문무겸비의 면이 보이긴 하나, 그보다도 국민적 '기억'을 전환시키기 위한 박정희 정권의 이미지 변신 노력의 일환이었으리라. 전통적으로 문인을 숭상하는 한국의 국민들에게 부드럽고 친근한 '문인적 이미지'로 다가서고 싶었던 것이다.

   이렇게 해서 이순신의 '충절' 그리고 '오동방예의지방국'의 기억도 오늘날까지 면면 이어지고 있는 것이다.

경상

포항 죽장면 된장 – 곰삭음
안동 하회마을 – 자연스러움
경주 남산 – 자연스러움
부산 감천동마을 – 어울림
영주 무섬마을 – 공동체
상주 성석제 – 해학
경주 경산 자인 – 흥
울주 반구대 암각화 – 흥
안동 퇴계 – 예의
청도 가슬갑사 – 예의
경주 최 부잣집 – 정
청송 송소고택 – 정
남해 바래길 – 정
포항 포스코 – 역동성
울산 현대자동차 – 역동성
하동 화개장터 – 역동성
하동 평사리 – 정

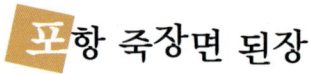 죽장면 된장

된장과 간장은 한통속 곰삭음

포항 시내에서 자동차를 몰고 1시간 반 가량 꼬불꼬불 오르락내리락하는 도로를 따라가면 된장·간장·고추장 항아리들이 곰삭은 향기를 풍기며 반갑게 맞이한다. 국내 최대 규모의 전통장 제조현장인 죽장연(竹長然) 장원이다. 항아리라고 해서 아이들 무릎 높이의 고추장 항아리 몇 개를 얘기하는 게 아니다. 어른 엉덩이 높이에, "마음만은 홀쪽하다"고 부르짖는 개그맨 김준현 허리보다 훨씬 굵은 장독이다. 개수도 수 십, 수 백 개가 아니다. 무려 3,000개가 넘는다. 좌우로 반듯하게 정렬된 모습이 가벼운 환영인사가 아니라 어전 대신들의 문안인사를 받는 기분이다.

마을 주민이 만드는 장 '죽장연'

경상북도 포항시 죽장면 상사리. 고려가 건국된 9세기말 잃어버린 나라에 대한 충절을 지키기 위해 고려로의 편입을 거부한 신라 귀족들이 은둔하기 위해 들어온 땅이다. 그래서 대쪽처럼 곧은 절개의 선비들이 사는 곳이라는 뜻의 죽장(竹長)이란 이름이 붙었고, 6·25 때는 주민들이 전쟁이 난 줄도 몰랐을 정도로 산간오지중의 오지다. 포항, 포스코~POSCO~란 브랜드에서 연상되는 바다-철강의 이미지와는 전혀 다른 심산유곡에서 장이 곰삭고 있다는 게 믿어지지 않는다.

죽장연의 시작은 1999년으로 거슬러 올라간다. 모기업인 영일기업이 1사1촌 운동의 일환으로 포항의 최고 오지인 죽장면 상사리와 자매결연을 맺는다.

> "영일기업은 포스코의 구내 운송을 담당하는 임직원 300여명의 중소업체입니다. 자매결연 이후 영일기업측은 운송업체의 특성을 살려 농기계 무상 수리, 태풍 피해 복구, 농산물 팔아주기 등 다양한 지원활동을 했지요. 이에 대해 주민들은 고로쇠수액이나 사과 등 지역 특산물을 회사로 보내 보답해주었고요. 또 해마다 겨울이면 영일기업 직원들이 먹을 김장김치와 1년 치 된장, 고추장을 전통방식으로 담가 보내주기도 했어요. 이런 인연이 10년간 이어지면서 2009년에 '죽장연'이 상사리에 설립된 거죠."

죽장연 정연태 대표의 설명이다.

전쟁이 난 지도 몰랐던 산간오지

죽장연의 장 담그기는 산간오지에 첫눈발이 날리고 난 11월말 12월초의 메주 쑤기부터 시작된다. 메주를 쑤는 날엔 대한민국 어디에도 볼 수 없는 장관이 펼쳐진다. 이열횡대를 한 대형 가마솥 16개가 새하얀 김을 내뿜는다. 그 아래 16개 아궁이에선 참나무 장작불의 불꽃이 뻘겋게 피어오른다. 가마솥마다 새하얀 작업복을 입은 직원들이 분주하게 움직인다. 가마솥 뚜껑에 연신 찬물을 붓고 수건으로 닦아내고 있는 것이다.

> "온도를 맞추는 겁니다. 그래야 콩물이 넘치질 않아요. 콩물이 흘러 넘쳐 눌러 붙게 되면 콩에 탄내가 배요. 그러면 메주도, 그 메주로 담근 장도 맛이 덜하죠. 그러나 무엇보다도 '맛있게 삶아지라'고 주문을 외듯 손으로 어루만지며 정성을 담는 겁니다."

상사리 주민이자 죽장연 생산담당직원인 김옥자 씨의 설명이다.

자연과 세월이 더해진 고향의 맛

일반적으로 전통 장을 담그는 곳에는 명인이 한 분 있다. 한복차림의 나이든 어머니인데 장의 생산과 관리를 책임지고 총괄한다. 그러나 죽장연엔 그를 대신하는 50여명의 마을주민들이 있다. 이는 전통 장류의 생산메커니즘과도 연관이 있다. 전통 장을 제조하는 과정은 크게 3단계로 나눠진다. 메주 쑤기→장 담그기→장 가르기. 이 과정은 11월말부터 다음해 3월말까지 겨울철 농한기에 몰려 있다. 덕분에 농번기에는 각자 농사로 바쁘게 살던 주민들이 농한기에 들어서면 죽장연 장 만들기에 가세할 수 있는 것이다. 죽장연에서는 우선 주민들이 농사지은 콩을 전량 수배한다. 100% 국내산 콩만을 고집하기 때문인데 죽장 일대의 콩도 부족해 청송군에서 생산하는 콩까지 수매한다. 그러면 그 콩으로 주민들은 메주를 쑤고 장을 담근다. 장을 담그면서 집안 대대로 내

정월대보름이 지나고 나면 잘 뜬 메주에 소금물을 부어 장을 만든다

려오던 손맛을 보태고, 오래도록 함께 살아온 이웃의 정도 장독 안에 차곡차곡 담는다. 결국 마을주민들은 양질의 콩을 재배하는 농민인 동시에, 맛있는 장을 만들어내는 생산자가 되는 셈이다. '콩 재배'와 '장 생산'이 분리된 '명인의 장'보다 이 둘이 하나가 된 '마을주민들의 장'이 더 매력 있는 이유이기도 하다.

와인 닮은 빈티지 명품장이 목표

된장과 간장은 '한통속'이다. 둘은 한배에서 나오므로 형제라고도 한다. 메주에 소금물을 부어 담근 독 안의 내용물을 고형물과 국물로 갈라 숙성시킨 게 된장$_{고형물}$과 간장$_{국물}$이기 때문이다.

장에 들어가는 원료는 콩·소금·물 세 가지뿐이다. 죽장

3,000여개의 장독이 줄지어 있는 죽장연

연 장은 앞서 이야기한 것처럼 100% 국산콩, 그것도 '로컬푸드'라고 할 수 있는 주민들의 콩을 쓴다. 물은 인근에 축사 하나 없는 800m 구암산 계곡의 지하 청정암반수다. 여기에 소금은 3년 동안 간수를 뺀 신안의 천일염을 고집하고 있다. 세 가지 재료는 어느 하나 흠잡을 게 없다. 여기에 천혜의 자연이 가세한다. 죽장연 장원은 동에서 서로 곧게 뻗은 계곡에 있다. 해가 뜨는 순간부터 질 때까지 온종일 볕이 들어 한 뼘의 햇살도 놓치지 않는다. 동쪽에선 백두대간을 넘어온 동해의 바닷바람이, 서쪽에선 대륙분지에서 불어오는 골바람이 넘어온다. 그 덕에 겉은 단단하고 속은 촉촉하게 잘 뜬 메주가 만들어지고, 이것이 바로 그 메주로 담근 장이 순하고 부드러우면서도 옹골찬 맛이 나는 비결이다.

죽장연은 스스로를 '메주너리'라고 한다. 와인을 만드는 와이너리를 본뜬 말이다. 와인의 '빈티지$_{\text{Vintage}}$' 개념을 도입한 것인데, 와인과 된장의 제조과정이 닮았기 때문이란다.

> "포도 즙내기와 콩 삶아 메주 만들기, 숨 쉬는 오크통과 숨 쉬는 항아리가 닮았어요. 또 자연발효를 거쳐 1년 이상의 발효와 숙성 과정을 거친 후 제품이 된다는 점도 닮았어요. 죽장연은 명품와인처럼 연도별로 콩과 메주의 특징을 살려 명품 빈티지 장을 만드는 게 목표입니다."

정대표의 설명이다.

죽장연 장의 또 다른 자랑거리는 미국 뉴욕에 있다. 전 세계에 있는 한식당 가운데 처음으로 미슐렝 가이드북의 별점을 받은 맨해튼의 '단지' 레스토랑. 그곳의 오너 셰프인 후니킴은 대기업에서 싼값으로 대량 생산하는 인스턴트 장을 거부하고 죽장연의 된장·고추장·간장을 고집하고 있다. 그는 "콩과 소금과 물 이외에 다른 것이 전혀 첨가되지 않은 죽장연 장이 한국음식 본연의 맛을 낼 수 있기 때문"이라고 말한다.

경상북도 산간오지 마을 주민들의 삶과 정성이 담긴 죽장연의 장. 이 제품이 국내 시장에 머물지 않고 세계 시장으로 발돋움하는 것이 한국음식의 밝은 미래를 보는 것 같아 무척 행복하고 다행스러운 일이다.

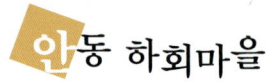 안동 하회마을

　경북 안동의 하회마을은 우리나라를 대표하는 민속 마을이다. 2010년 '한국의 역사마을'이라는 주제로 경북 경주의 양동마을과 함께 유네스코$_{UNESCO}$ 세계문화유산에 등재되었다.
　우리나라에서 역사마을은 대체로 씨족마을을 가리킨다. 안동 하회마을도 씨족마을이다. 풍산 류씨 일가가 600년이 넘는 세월 동안 독특한 문화와 전통을 고수하며 터를 지키고 있다.
　그래서 하회마을은 한국인의 문화유전자 열 개 키워드 가운데 여러 키워드와 겹친다. 자연스러움·공동체·어울림·예의·해학 등 어느 키워드로 접근해도 하회마을은 충분한 의미를 지닌다. 하회마을과 병산서원의 지리적 환경을 주목하면 자연스러움을 떠올리게 되고, 씨족 공동체의 집단생활을 고려하면 공동체·어울림·예의 등의 키워드로 바라봐야 한다. 중요무형문화재 69호로 지정된 하회별신굿탈놀이는 해학의 정서를 대표하는 민속놀이다.

천하 명당 하회마을

　하회마을은 천하의 명당이다. 낙동강 줄기가 하회마을에 이르러 크게 태극 모양을 그리며 돌아서 나간다. 물길 꺾이는 폭이 워낙 커 낙동강은 부용대 절벽 아래에서 방향을 틀어 북으로 흐른다. 그래서 물돌이동, 즉 하회河回다. 낙동강에서 물난리가 그렇게 많이 났어도 하회마을은 1925년 대홍수를 제외하고는 강물이 범람한 적이 없었다고 한다.

> 무릇 사람이 살 만한 곳으로 바닷가에 사는 것은 강가에 사는 것만 못하고 강가에 사는 것은 시냇가에 사는 것만 못하다. 대개 시냇가에 사는 것도 고개에서 멀지 않아야 한다. 그래야 평시나 난시 모두 오래 살 만하다. 이러한 곳으로 영남의 도산과 하회가 으뜸이다.
>
> 이중환의 『택리지』 중에서

천하 명당 하회마을 ⓒ 손민호

낙동강 안쪽 한반도 모양을 한 뭍에 하회마을이 들어앉아 있고, 강물 건너편으로는 백두대간에서부터 뻗어 내린 화산花山 줄기가 버티고 서 있다. 하회마을은 산줄기가 먼저 포위하고, 강줄기가 이어 포위한다. 강산이 겹겹이 둘러싸고 있어 하회마을은 주변 지역과 적당히 거리를 두고 독립적인 공동체를 구축할 수 있었다. 마을과 화산 사이의 경작지와 화산 너머 풍산들판은 마을에 경제적 기반도 제공하였다. 하여 하회마을의 지형을 말할 때면 배산임수背山臨水니 연화부수형蓮花浮水形이니 하는 풍수지리 용어가 꼭 등장한다.

하회마을은 본래 풍수 조건에 결함이 있는 터였다. 마을 서북쪽이 낮아 겨울이면 북서풍이 몰아치는 형세였는데, 이 자리에 서애 류성룡1542~1607의 형인 겸암 류운룡1539~1601이 소나무 1만 그루를 심어 액을 막았다고 한다. 이것이 바로 만송정萬松亭이라 불리는 솔숲인데, 임진왜란 때 일본군이 쳐들어왔다가 만송정 아래에 떨어진 솔방울을 투구를 쓴 병사로 잘못 보고 도망갔다는 일화도 전해 내려온다.

하회마을 둘러보기

전국에는 아직도 씨족마을이 제법 많이 있다. 안동만 해도 씨족마을은 47군데나 된다. 그러나 하회마을이 유네스코 세계문화유산이 된 건, 가문의 전통이 면면히 계승되고 있기 때문이다. 하회마을에는 지금 150여 가구가 살고 있는데 이 중에서 75% 정도가 풍산 류씨 일가다. 풍산 류씨 가문은 조

부용대에서 내려다본 하회마을 ⓒ 손민호

선시대에만 대과 급제 21명, 무과 급제 5명, 생원·진사 합격 73명을 배출한 명문가다.

하회마을에 들어가면 꼭 둘러봐야 할 곳이 있다. 풍산 류씨 대종택 양진당과 서애의 종가 충효당이다. 두 건물 모두 보물로 지정돼 있고, 두 건물 모두 종부가 살고 있다. 하회마을에서 보물이나 중요민속자료로 지정된 가옥은 11채에 이른다. 가옥은 아니지만 하회마을은 국보 두 점도 생산했다. 하회탈이 국보 121호이고, 서애가 옥연정사에서 쓴 임진왜란 회고록인 '징비록'이 국보 132호다.

충효당에 가면 마루에 앉아서 대문 밖을 바라봐야 한다. 대문 밖으로 낙동강이 보이고, 그 너머로 가파른 절벽이 보인다. 서애가 이 풍경을 보고 아호를 지었다. 서애西崖는 서쪽 벼랑이란 뜻이다. 마을 복판에 아름드리나무 한 그루가 서 있다. 바로 삼신당이다. 삼신당은 하회마을의 아크로폴리스 같

151

은 곳으로, 여기서 하회별신굿탈놀이가 행해졌다.

하회마을에는 두 가지 중요한 전통놀이가 전해온다. 하회별신굿탈놀이와 선유줄불놀이다. 탈춤놀이가 서민의 놀이라면 줄불놀이는 양반의 놀이였다. 매주 공연이 열리는 하회별신굿탈놀이와 달리 선유줄불놀이는 일 년에 한 번 안동탈춤페스티벌 마지막 날 시연된다.

한국 서원 건축의 백미: 병산서원

병산서원은 사액서원이다. 대원군이 전국의 서원을 철폐할 때도 살아남았다. 하지만 병산서원은 굳이 역사적 의미를 말하지 않더라도 그 자체로 의미가 큰 유적이다. 병산서원은 우리나라 서원 건축의 백미로 꼽히는 건물 중 하나이다.

병산서원은 하회마을 어귀에 들어서 있다. 서원 정면에 낙동강이 흐르고 강 너머로 병산이 우두커니 서 있다. 서원의 이름은 물론 서원 정면의 산에서 비롯됐다. 서애가 1572년 풍산읍내에 있던 풍악서당을 옮기면서 이름도 병산서원으로 고쳤다. 병산서원에서 낙동강 물길을 따라 십 리쯤 걸어 들어가면 하회마을이다.

서애는 병산서원에서 유생을, 정확히 말해서 풍산 류씨 자손을 가르쳤다. 때문에 선생님과 제자 모두 아침마다 십 리 길을 걸어 병산서원과 하회마을을 오고 갔다. 그 고갯길이 지금은 '병산길'이라는 이름의 오솔길로 복원되어 있다.

바깥에서 바라보는 병산서원은 여느 서원과 다를 바가 없다. 그러나 서원 안에서 바깥을 바라보면 완전히 다른 풍경이 펼쳐진다. 특히 누마루인 만대루에 서면 눈앞에 보이는 백사장과 낙동강, 그리고 병산이 하나의 프레임 안에서 미장센을 구축하고 있다는 느낌을 받는다.

병산서원에 쓰인 목재도 눈길을 끈다. 기둥부터 들보까지 모든 목재가 자연 그대로의 모습이다. 굽었으면 굽은 대로, 휘었으면 휜 대로 나무를 잘라내지 않고 그대로 갖다 썼다. 기둥부터 들보까지 마치 나무 한그루 한그루가 살아있는 느낌이다. 만대루를 오르는 계단은 아예 통나무 두 개가 얹혀 있다.

유학의 정신이 자연과 하나가 되는 상태를 지향하는 것이라면, 병산서원은 유학의 이상을 담은 공간이라 할 수 있다. 자연과 조화를 이루는 단계를 넘어 자연과 하나가 되고자 하는 병산서원의 공간 배치는 차라리 철학적이다. 자연을 배경으로 건물을 세운 게 아니라, 건물이 자연과 어울려 새로운 의미를 획득한 공간을 만들어내기 때문이다.

경주 남산

　서울에만 남산이 있는 게 아니다. 천 년 고도 경주에도 남산이 있다. 서울의 남산처럼 경주의 남산도 신성한 장소였다. 산자락에 바친 정성만 따진다면, 서울을 에워싼 네 개의 산 가운데 하나인 남산보다 경주의 남산이 훨씬 높다고 할 수 있다. 경주 남산은 신라인에게 그저 산이 아니었다. 부처가 사는 신성한 나라, 다시 말해 불국토(佛國土)였다.

　경주 곳곳에는 헤아릴 수 없을 정도로 많은 문화유산이 있다. 하여 경주를 두고 '야외 박물관'이라고 한다. 경주가 '야외 박물관'이라면, 남산은 최소한 '박물관 본관 전시장' 정도는 된다. 남산 자락 곳곳에 불상·석탑·석등·연화대좌 등 허다한 불교 유적이 숨바꼭질하듯이 숨어있기 때문이다. 현재까지 남산에서 찾아낸 유적만 해도 670개가 넘는다.

　그러나 남산의 수많은 유적은 어느 하나 혼자 두드러지지 않는다. 불상이고 석탑이고 남산의 산자락과 골짜기를 따라 원래부터 그 자리에 있었던 것처럼 마침맞게 들어앉아 있다. 경주 남산은 신라 유적지 중 가장 자연과 조화를 잘 이루는 유적지다. 다시 말하지만, 남산 자체가 부처의 나라이다.

천 년 왕국의 정신

경주는 세계적인 고도(古都)다. 8세기 무렵 경주에는 17만 8,936호, 약 90만 명이 살고 있었다. 당시 경주는 동로마 제국의 수도 콘스탄티노플(터키의 이스탄불), 이슬람 제국의 수도 바그다드, 당나라의 수도 장안(중국 시안)과 견주어도 전혀 손색 없는 대도시였다.

그 경주의 진산(眞山)이 남산이다. 신라의 도성이었던 월성(月城) 남쪽에 있어 남산이다. 남산은 북쪽의 금오산(468m)과 남쪽의 고위산(494m) 두 봉우리를 축으로 삼아 남북 방향으로 10km 정도 길게 누워있다. 풍수에서는 남산을 거북이 한 마리가 서라벌 깊숙이 들어와 엎드려 있는 형상으로 풀이한다.

남산은 멀리서 바라보면 완만해 보이지만, 막상 산을 오르면 만만치 않다. 골이 깊고 또 많기 때문이다. 남산 자락에

신성암 ⓒ 손민호

있는 골짜기만 40개가 넘는다. 계곡은 능선의 양쪽, 그러니까 동서 방향으로 갈라져 있다. 그 갈라진 물길을 따라 수많은 불상과 석탑이 들어서 있다. 지금도 남산 자락 안에는 절터가 150여 곳, 불상은 130여 구, 석탑은 100여 기가 남아 있다. 그러나 이게 전부가 아니다. 일연은 『삼국유사』에서 남산을 "절은 천상의 별 만큼 많고 탑도 기러기 떼처럼 솟아 있는 곳"이라고 묘사했다.

남산에는 신라의 처음과 끝을 알리는 순간이 모두 어려 있다. 남산 서쪽 기슭에 '나정蘿井'이라는 우물이 있었는데, 이 우물 옆에 놓여있던 알에서 훗날 신라를 세운 박혁거세가 태어났다는 전설이 내려온다.

남산이 신라 멸망과 관련이 있다는 건 역사적 사실이다. 나정과 멀지 않은 곳에 신라 왕조의 이궁離宮이 있었는데, 그 이궁 안에 유명한 포석정도 있었다. 927년 제55대 경애왕이 포석정에서 술을 마시며 놀다가 후백제 견훤의 침입 소식을 듣고 이궁에 숨었다가 붙잡히는 사건이 발생한다. 그로부터 8년 뒤인 935년, 신라는 멸망하고 만다.

유적지는 대체로 특정한 한 시기를 대표하게 마련이다. 그러나 학계의 설명에 따르면 남산에 들어선 유적은 신라 전성기였던 7세기부터 신라가 멸망할 때까지 약 400년 동안 조성된 것이라고 한다. 더 놀라운 건 유적의 주인이다. 남산 자락에 들어선 수많은 석탑과 불상은 대부분이 이름이 전해오지 않는 무명씨의 작품이다.

상선암 마애불 ⓒ 손민호

자연과 조화를 이루는 불국토

남산은 천 년 왕국 신라의 정신이 모인 장소다. 정확히 말해서 신라인의 정성이 하나하나 쌓이고 쟁이고 포개진 이상향의 영토다. 유난히 구불구불 휘어진 남산의 소나무가 여느 지역의 소나무보다 신령스러워 보이는 까닭이 예 있다.

남산은 경주의 여느 유적지보다 관광객의 발길이 뜸하다. 다보탑·첨성대·석굴암 등속처럼 화려하거나 강렬하지 않아서이다. 하지만 남산의 진가가 여기에 있는 것인지도 모른다. 모양 꾸며 얼굴 내밀지 않는 수수한 모습 말이다. 모양 꾸며 얼굴 내밀지 않는 사람들이 손수 빚은 부처의 나라였으니, 어찌 보면 당연한 모습일지 모르겠다.

남산의 돌부처는 애써 근엄한 표정을 짓지 않는다. 하나같이 온화하고 부드러운 미소를 머금고 있다. 어떤 부처님은 장난스런 얼굴이기도 하고, 어떤 관음보살은 옆집 할머니처럼 웃고 있기도 하다. 보통 사람의 얼굴을 한 부처님이어서 남산의 부처님은 친근하다. 남산이 천 년 전을 살았던 보통 사람의 낙원이었다는 증거다.

남산에 들어서면 자연과 인공의 경계가 허물어진다. 사람이 남산에 들어가 남산의 바위를 깎아 불상을 새기고 탑을 세웠지만, 남산의 불상과 석탑은 들어서 있는 자리가 너무나 자연스럽다. 이를 테면 남산에서는 불상을 새기겠다고 억지로 바위를 쪼개거나 잘라내지 않았다. 벽면이 평평한 바위가 서 있으면 그 바위를 옮기거나 깨뜨리지 않고 바위가 서 있는 자리에 불상을 새겨 넣었다. 남산의 불상 대부분이 이처럼 돌을 갈고 깎아 새긴 마애불이다.

석탑이 들어선 자리도 놀랍다. 대표적인 사례가 용장사곡 삼층석탑이다. 용장사곡 삼층석탑은 우리나라에서 가장 키가 큰 탑이라 할 수 있다. 석탑 자체는 4.42미터이지만, 별도로 기단을 설치하지 않고 자연 암반 위에 석탑을 세워 남산 전체가 탑의 하층 기단을 이루는 모습이 됐다. 금오산 정상에서 조금만 내려오면 용장골이니, 용장사곡 삼층석탑의 높이는 최소 400미터 이상인 셈이다.

남산을 오르내리다 보면 희한한 경험을 하게 된다. 산세나 바위, 골짜기의 형상이 눈에 익다 싶으면, 불상이나 석탑이 들어서 있을 만한 자리가 보이기 시작한다. 이 바위쯤에 마애불이 계시겠다 싶으면 영락없이 그 자리에 부처님이 앉아 계신다. 그만큼 남산에 들어선 유적은 주변 환경과 조화를 이루며 어우러져 있다.

 남산을 사랑하는 사람들은 다음과 같이 말한다. "신라인은 남산의 바위에 부처를 새긴 게 아니라 바위 속에 있는 부처를 보고 정을 들어 바위에 숨어 있는 부처를 찾아낸 것이다."라고. 남산이 부처님이고, 부처님이 남산이다. 하여 남산은 오르는 산이 아니다. 들어야[入] 하는 산이다.

부산 감천동마을

우리나라 어디를 가나 달동네는 있다. 전쟁 통에 이리저리 떠밀리다 주저앉은 삶도 있고, 급속한 도시 팽창의 속도에 뒤처져 산꼭대기로 쫓겨 간 삶도 있고, 폐광의 흔적을 상처 마냥 떠안고 사는 삶도 있다. 어느 달동네를 가도 사정은 마찬가지다. 골목마다 고단한 빈민의 삶이 덕지덕지 얼룩져 있다.

부산은 유난히 달동네가 많은 도시다. 부산은 일부 해안 지역을 제외하면 대체로 경사가 가파르다. 이 가파른 경사의 기슭에 지붕 낮은 집이 다닥다닥 얹혀 있다. 부산 여행의 진수는 이 달동네를 헤집고 다니는 골목 투어라고 주장하는 이도 있다.

산복도로를 아시나요?

시계태엽을 1950년 여름으로 되감는다. 온 나라에서 보퉁이를 이고 진 피란민이 부산에 모여들었다. 잠시 난리를 피하려는 생각으로 부산까지 들어온 피난민은 전쟁이 3년이나 이어지면서 낯선 항구도시에 주저앉고 말았다. 그 뒤로 부산은 그들에게 제2의 고향이 되었다. 다시 말해 부산은 전국 방방곡곡에서 스며든 피란민이 뒤엉킨 치열한 삶의 현장이 되었다.

피란살이는 고달플 수밖에 없었다. 보퉁이 몇 개가 살림의 전부인 그들은 당장 끼니부터 걱정해야 했다. 그래도 부산항이 있어서 다행이었다. 항구 근처를 어슬렁거리다 보면 굶어 죽을 걱정은 덜 수 있었다.

  부산항 근처에는 다행히도 크고 작은 시장이 여러 개 있었다. 자갈치시장·국제시장·깡통시장 등 부산항 근처의 시장은 전쟁을 겪으며 성장했다. 전국에서 모여든 피란민에게 부산항 근처 어시장은 눈물겨운 생활의 터전이 되었다.

  시장에서 생계를 잇던 피란민 거주지도 자연스럽게 시장을 중심으로 형성되었다. 피란민이 꾸역꾸역 밀려들면서 거주지는 산으로 넓혀졌다. 시장 반대편이 바다였으므로 어쩔 수 없었다. 어느새 산자락은 생선상자를 뜯어 얼기설기 세운 판잣집으로 가득 찼다. 산동네에서 산동네를 잇는 길이 생겼고, 길이 산 중턱에 있다고 해서 산복도로(山腹道路)라는 이름이 붙었다. 부산의 달동네는 산복도로를 타고 길게 이어져 있다.

  지금도 산복도로를 따라 늘어선 달동네의 삶은 전쟁 통의 삶과 크게 다르지 않다. 새벽 별빛에 의지해 산 아래 시장에 내려나갔다가 하루해가 저물어야 다시 고갯길을 오르는 삶이 날마다 이어지고 있다. 하루하루가 버거운 삶이다.

산토리니 또는 마추픽추

  부산의 여러 달동네 중에서 별안간 관광 명소가 된 곳이 있다. 이름하여 '감천동 문화마을'이라는 곳인데 정확한 행

감천동 전경 ⓒ 손민호

정지명은 부산 사하구 감천2동이다. 2013년 1월 현재 4,363세대 9,677명이 감천2동에 살고 있다.

감천동은 별명이 두 개다. 하나는 부산의 산토리니, 다른 하나는 부산의 마추픽추이다. 산토리니는 지중해 바다를 내려다보고 있는 그리스의 휴양도시고, 마추픽추는 페루 고산

지대에 있는 전설의 산악도시다. 두 도시 모두 언덕에 집이 다닥다닥 붙어있는 풍경을 자랑한다. 감천동도 마을 어귀 감천고개에서 내려다보면 여러 색깔을 입은 집과 집이 오밀조밀 붙어있다.

그러나 산토리니라 불리든, 마추픽추라 불리든 감천동이 달동네라는 사실은 달라지지 않는다. 끝없이 이어진 계단을 따라 오르내리다 보면 진이 빠지는 산동네 판자촌일 따름이다. 아직도 재래식 화장실이 널려 있고, 가난에 찌든 빈민의 삶이 골목마다 배어있다.

감천동 달동네가 색을 입은 건, 2009년 감천동 문화마을 사업이 진행되면서이다. 이 달동네에 문화체육관광부 등 여러 정부 부처의 예산이 내려왔고 그림 그리는 예술가 단체가 들어와 마을을 단장했다. 벽과 지붕에 색을 칠하고 담벼락에 그림을 그렸으며 빈집에 여러 설치예술작품을 설치했다.

이를 테면 지금은 안내센터로 쓰이는 옛 목욕탕 건물 어귀에 손님을 기다리며 졸고 있는 중년 여성의 형상을 설치해 놓았다. 웃음이 비어지면서도 감천동의 옛 모습을 떠올릴 수 있다. 텅 빈 방 안에 온통 낙서만 가득한 빈집도 있다. 아무것도 들여다 놓지 않고 깨끗한 벽면 아래에 다양한 종류의 필기도구만 갖다 놓으니 자연스럽게 대중 참여 작품이 됐다.

요즘 들어 감천동에 사람이 몰리는 건, 감천동에서 촬영한 수많은 영화와 TV 프로그램 덕분이다. 최근에는 한류 열풍을 타고 동남아시아에서 단체로 몰려와 이 가파른 달동네 골목 구석구석을 헤집고 있다.

남을 배려하는 공동체

감천2동 어귀에서 경사를 따라 한 시간 가까이 내려가면 자갈치시장이 나온다. 지금은 여행 삼아 이 고갯길을 넘지만, 옛날에는 이 고갯길이 생계의 길이었다. 물론 감천2동 주민 중에서 일부는 아직도 이 고갯길을 아침저녁으로 오르내리며 살고 있다.

부산 사람들은 감천동보다 태극도 마을이라는 이름이 더 익숙하다. 한국전쟁 직후 옥녀봉과 천마산 골짜기를 따라 태극도 신자들이 모여들면서 마을이 형성됐기 때문이다. 사하구청이 펴낸 '사하구지'를 뒤지면, 1958년 충북 괴산 등지에서 흘러들어온 태극도 신자 4,000여 명이 처음 자리를 잡았고 1980년대에는 2만 명에 이르렀다가 지금은 1만 명 정도로 줄었다는 기록이 나온다.

지금도 감천동 곳곳에 태극도의 흔적이 남아있다. 아직도 마을에 태극도 신전이 있고, 거미줄처럼 얽힌 감천동 골목은 태극 1길, 태극 2길 같은 식으로 불리고 있다. 마을 아래에는 주민들이 '할배 산소'라고 부르는 태극도 교주의 무덤도 있다.

태극도가 감천동에 남긴 가장 큰 흔적은 마을 그 자체다. 마을은 수많은 골목과 골목으로 이어지거나 나눠지는데, 놀랍게도 막다른 골목이 하나도 없다. 종교적 신앙에서 마을을 조성하다 보니 달동네 판자촌이어도 나름의 규칙과 원칙에 따라 집이 배치됐기 때문이다.

감천동안내센터 ⓒ 손민호

　더 놀라운 건, 앞집이 뒷집의 전망을 해치는 집이 단 한 집도 없다는 사실이다. 감천항 바다를 바라보고 서 있는 옥녀봉과 천마산 기슭을 따라 마을이 들어서 있는데, 어느 한 집도 불쑥 튀어나온 게 없다. 이 또한 종교적 차원의 배치 덕분이다. 앞집도 뒷집도 같은 신앙으로 뭉친 사이였으므로, 화장실도 변변치 않은 달동네에 살면서도 서로가 서로를 배려하고 아끼며 살았던 것이다. 감천동 문화마을이 여느 달동네와 다른 건, 다 함께 어울려 살고 있기 때문이다.

영주 무섬마을

경북 영주시 문수면 수도리 무단 한 집도 섬마을은 양반 마을이다. 안동 하회마을처럼 강이 마을을 한 바퀴 돌아 흐르는 물돌이동이다. 마을로 들어가는 다리가 하나 있는데, 1986년에 세워졌다고 한다. 시멘트 다리가 처음 놓인 것은 1983년인데 이 다리는 홍수에 유실됐다. 시멘트 다리가 생기기 전 마을 사람들은 냇가에 나무 기둥을 박아 외나무다리를 통해 왕래했다. 외나무다리는 강원도의 섶다리와는 모양이 다르다. 외나무다리에서 보면 모래톱 너머로 잘 단장된 기와지붕이 보인다. 너무 무겁지도 가볍지도 않은, 처마 선들이 꽤 기품이 있어 보인다. 총 50가구 중 100년 이상 된 고옥만 16동이다.

필자가 무섬 마을을 처음 신문에 소개한 것은 2000년 12월이었다. 취재 중 "무섬 마을이 아름답다."는 소리를 듣고 물어물어 찾아갔다. 당시만 해도 무섬마을은 잘 알려지지 않은 곳으로, 외졌으나 아름다웠다. 그 후 두어 번을 더 찾아갔다. 한동안 사라졌던 외나무다리는 다시 세워졌고, 무섬의 명물이 되어 있었다. 풍광 좋다는 소문에 배우 손예진이 무섬에서 보험광고를 찍었고, 드라마 〈사랑비〉의 무대가 됐다. 요즘은 매년 10월 외나무다리 축제를 열고 있다.

마을 역사를 들어보니 안동에 터를 잡고 살던 반남 박 씨

무섬 마을

들이 영주로 옮겨왔고, 입향조인 박수가 무섬에 터를 잡았다고 한다. 그 게 1666년이다. 박수의 손자 대에 예안 김 씨가_{선성 김 씨} 마을에 장가를 들어와 이후 박 씨와 김 씨 두 집안이 살고 있다.

왜 양반들은 이런 교통이 불편한 이런 곳에 터를 잡았을까? 요즘 같으면 강으로 둘러싸여 외나무다리를 건너야 했던 곳에 집터를 정하는 사람은 없을 것이다. 술 한 잔 걸치고 집에 돌아가다가 떨어지기 딱 좋은 다리다. 겨울에 눈이라도 내리면 미끄러지기 십상이다. 이유를 들어보면 세상살이가 싫어서 숨은 것도, 가난에 몰려 쫓겨 간 것도 아니었다. 마을 사람들은 "무섬에는 논 한마지기 없지만, 마을 밖에 전답이 있었다. 천석꾼이 6명이나 됐던 양반 마을이었다."고 한다.

옛 선비들은 번속과는 거리를 둬야 한다고 여겼다. 양반 마을에 가 보면 일제강점기 때 철도 놓는 것을 반대했다는 얘기를 심심찮게 들을 수 있다. 그것이 세상을 등지고 틀어박힌다는 의미는 아니었다. 출세에 목매달지 않고 강호에서 자연을 벗 삼았던 선비들도 임금이 부르면 벼슬에 나아갔다. '벼슬 선비'와 '강호 선비'를 칼로 자르듯 명확히 나눌 수 없는 것이다. 조선의 통치세력은 사대부_{士大夫}인데 벼슬에 나아가면 대부_{大夫}요, 벼슬에서 물러나면 선비_{士}이다. 사대부들은 자신들의 학문으로 통치이념을 만들었다. 왕실을 통해 내려오는 핏줄 권력의 상징이 종묘_{宗廟}라고 한다면, 학문을 통해 세워진 지식권력의 상징은 문묘_{文廟}이다. 그래서 후학들이 스승을 문묘에 올리기 위해 치열하게 싸우기도 했다. 학문과 벼슬은 동전의 양면이었던 것이다. 여기에 하나 더, 지배층인 양반은 노블리스 오블리주도 필요했다. 세상이 어지러워질 때면 학문하는 선비들이 제 몸을 던져 분연하게 일어나 싸웠다.

무섬마을도 마찬가지다. 이 마을에서 가장 아름다운 고택 중 하나인 해우당의 주인 김낙풍은 벼슬을 일부러 구하는 선비는 아니었다고 한다. 하지만 벼슬에 불려나가 의금부 도사를 지냈다. 박재연은 병조참판에 올랐다. 난세 때에는 선비들이 앞장서 싸웠다. 일제강점기 때 김화진 선생은 무섬마을에 아도서숙(亞島書塾)을 열고 반일·계몽운동을 펼쳤다. 무섬 출신인 김지영 전 경향신문 편집국장은 "무섬은 지금은 50호 정도고, 당시에 60~70호 정도 되는 작은 마을이었지만 독립운동가를 5명이나 배출했다."며 "영주 일대에서 독립운동을 주도했다."고 말했다. 그는 "김화진 선생은 일본 유학중 관동대지진이 일어나 조선인들이 학살당하자 일본에서 반제국주의 운동을 펼쳤고, 한국으로 돌아와 양반과 상놈의 구분을 없애는 계몽운동, 항일 투사를 기르는 민족교육, 신농법을 가르친 농사교육을 했다."고 했다. 아도서숙이 생기기 전에도 마을 사람들은 각 집안의 사랑채에서 아이들을 모아 교육을 했다. 선비로서 지켜야 할 법도 등을 거기서 익혔던 것이다.

양반가끼리는 은근한 경쟁도 했지만 그래도 마을 대소사는 함께 했다. 마을의 명물인 외나무다리는 각 집안에서 나무를 추렴해서 세웠다. 옛날에는 마을 앞 논다리(앞다리), 술도가 집으로 이어지는 도가다리, 내성천과 영주천이 합쳐지는 지점의 합수다리 등 3개나 됐다고 한다.

이 아름다움을 처음 노래한 사람은 시인 조지훈이다. 조지훈의 처가가 무섬마을이다. 마을에는 조지훈 시비가 세워져 있다.

'푸른 기와 이끼 낀 지붕 너머로
나직이 흰 구름은 피었다 지고
두리기둥 난간에 반만 숨은 색시의
초록 저고리 다홍치마 자락에/ 말 없는 슬픔이 쌓여 오느니
십리라 푸른 강물은 휘돌아 가는데
밟고 간 자취는 바람이 밀어 가고
방울 소리만 아련히
끊질 듯 끊질 듯 고운 뫼아리….'

조지훈 '별리'

지금 관광객들은 외나무다리를 그저 신기한 것으로만 바라보지만 과거 이 마을에 시집 온 처녀들에게 이 외나무다리

무섬마을 외나무다리

는 향수를 불러 일으켰다고 전해진다. 이 좁은 다리로 들어올 때는 꽃가마 타고, 나갈 때는 꽃상여를 타고 출렁출렁 건너갔다.

무섬마을은 2013년 8월 국가지정문화제 제278호로 지정됐다. 관광명소가 된 후에는 마을이 꽤나 시끌벅적하다. 김지영 전 경향신문 편집국장은 8월30일자로 평화신문에 '멍드는 내 고향…아, 무섬'이란 칼럼에서 다음과 같이 글을 썼다. "영주시가 7년 전, 150여억 원의 예산을 들어 무섬 재정비사업을 벌일 때는 마을 곳곳에 키 큰 가로등을 세워 그 많던 무섬 하늘의 별들을 쫓아버렸다. 중략 요즘 무섬에서는 이런 저런 축제들이 연중 잇따라 열리고 있다. 중략 하지만 떠들썩한 오락 일색이라는 게 문제다. 자연 생태와 민족정의라는 무섬의 가치를 반영하는 행사는 보이지 않는다."

무섬 사람들은 박정희 정권 때도 물길을 직선으로 뚫어 농지를 넓히려고 했던 계획에 반대했다. 기공식까지 했지만 마을 사람들의 뜻이 완강해 포기했다고 한다. 공동체를 유지하는 데에는 노블리스 오블리주가 중요하다. 그걸 무섬에 가면 볼 수 있다.

상주 성석제: 염치를 가르치는 해학

소설가 성석제는 1960년 경북 상주에서 태어났다. 작가의 본적지는 상주시 낙양동(洛陽洞)이다. 중국에서 고대의 주나라를 비롯해 9개의 나라의 수도였던 뤄양(洛陽)과 한자가 같다. 옛날에 작가의 고향이 뤄양처럼 번성했다고 해서 그런 이름이 붙었다고 한다.

성석제는 어린 시절 산과 들 어디서든 열매를 맛보았다. 심지어 고향에는 300년 넘은 감나무가 있는데 예나지금이나 사람들이 그 나무에서 열리는 감을 따먹는다. 조상과 후손이 같은 감나무로 오랜 끈을 이어오고 있는 셈이다. 상주는 다 알다시피 곶감으로 유명한 곳이다. 곶감은 물론이고 육계·오이·꿀 생산량이 전국 1위라고 한다. 먹을거리가 넉넉한 고장이라는 얘기다. 그러다보니 성석제는 "내 조상들처럼 실속이 몸에 밴 농부의 유전자형질을 따르자면 문학도 실속이 있지 않으면 안 된다"고 말한다.

성석제는 열다섯 살에 고향을 떠났다. 그러나 그때 이미 그의 몸과 마음, 운명이 결정된 다음이었다고 한다. 그는 1994년부터 소설을 쓰기 시작해 어느덧 30년 가까이 됐다.

"지금까지 썼던 소설의 절반 이상이 상주와 관련된 것들이고 우리 소설에서는 보기 힘든 상주의 귀한 사투리와 말투를 푹푹 가져다 썼다. 상주라는 샘은 마르는 법이 없었다."

성석제 소설을 읽다 보면 웃음을 참기 어렵다고들 한다. 소설 대부분이 풍자와 해학으로 꾸며졌고 지적$_{知的}$ 재치로 세상을 비딱하게 조롱하는 이야기가 많다. 어느 평론가는 성석제를 근대 문학 이전의 공동체에서 활동한 이야기꾼의 회귀라고도 한다. 어느 평론가는 성석제 소설이 어느 사람의 일생을 이야기하는 전$_{傳}$ 형식을 현대적으로 되살린다고 풀이했다.

성석제의 대표작은 2002년 동인문학상을 받은 소설집 『황만근은 이렇게 말했다』이다. 이 소설집에 실린 표제작은 경북 상주의 농촌을 무대로 삼았다. 성석제의 고향 말투와 한 개인의 삶을 정리한 형식이 오롯이 살아있어 성석제 소설의 특성을 한 눈에 파악할 수 있게 한다.

『황만근은 이렇게 말했다』는 가난한 집안에서 팔삭둥이로 태어나 평생 바보 취급을 당하며 궁핍하고 어렵게 살다가 어처구니없이 삶을 마감한 농사꾼 황만근의 묘비명 형식을 취한 작품이다. 소설은 황만근이 마을에서 갑자기 사라진 뒤부터 시작한다. 황만근은 공동 화장실에서 분뇨를 퍼서 동네 사람들이 골고루 쓰도록 나눠주는 것을 비롯해 온갖 허드렛일을 도맡아한다. 그런 그가 온다 간다 말도 없이 사라진 뒤 마을 살림이 제대로 돌아가지 않자 사람들이 모여 이야기를 나눈다. 황만근은 '만그인지 반그인지 그 바보 자슥'으로 불린다.

"사람이라고 및 밍이나 되나. 군 전체 사람이 모도 모있다는 기 백밍이 될라나 말라나 한데 반그이는 돼지고기 반근만해서 그런지 안 보이더라칸께."

그런 동네 사람들을 도시에서 살다가 농촌으로 들어온 외지 사람이 관찰하면서 작가의 관점을 대신한다. 황만근의 이름은 마을에서 우러러보이는 만근산(萬根山)에서 따왔다고 한다. 만근산은 소설 무대인 '신대 1리에서 3리까지가 띠 모양으로 둘러 있는 천곡지(千谷地)를 병풍처럼 에워싸서 물을 가두고 또한 사철 물을 대주게 하는 역할을 하고 있다'는 것이다.

황만근이 어머니 뱃속에 있을 때 신대리는 6·25 격전지가 됐다. 황만근 아버지는 유탄에 맞아 세상을 떴고 그 소식에 놀란 어머니가 황만근을 아래로 빠뜨리면서 '남북 짱구가 되었고 열 달의 십분에서 두 달이 모다라는 팔푼이 되었다'고 한다.

황만근은 전통 공동체에서 늘 있던 바보답게 착한 바보로 산다. 책에 나오는 예(禮)는 몰라도 염습과 산역 같이 남들이 꺼리는 일에 발 벗고 나선다. 똥구덩이를 파고 우리를 짓고 벽돌을 찍는 일도 황만근이 도맡아한다. 일을 해주고 제값을 받기는커녕 반값을 받으면 다행이고 공치사를 받기도 한다. 그의 순박하고 이타적 삶에 대비돼 동네 사람들의 이기적 태도가 드러난다. 사람들은 그를 부려먹으면서 "만근아, 너는 우리 동네 아이고 어데 인정없는 대처 읍내 같은데 갔으마 진작에 굶어죽어도 죽었다"라고 너스레를 편다.

성석제 소설에서 해학은 농촌 사회를 그리면서 인간의 집단적 이기주의를 은근 슬쩍 에둘러 비판한다. 풍자 대상을 공격하긴 하되 날카롭게 찌르는 게 아니라 그 대상이 되는 집단의 입을 통해 스스로를 우스꽝스럽게 까발리게 하는 해학의 어법을 구사해 씁쓸한 웃음을 남긴다.

성석제는 전통적인 바보 설화를 현대적으로 재현하기도 한다. 바보설화에선 정상인보다 지능이 떨어지는 바보가 남들이 못 보는 진실을 알아보거나 그런 지혜의 전령이 된다. 마찬가지로 황만근은 소설 속에서 남다른 전설의 주인공이 돼 나름 비범한

곶감작업 ⓒ 손민호

인물의 역할을 해낸다. 그가 토끼랑 밤새 씨름을 했다는 민담에서 황만근은 일반인들이 깨우치지 못하는 지혜를 발휘하는데 그 이야기가 우스꽝스런 수수께끼 문답의 형식을 취하면서 비루한 삶을 유머로 감싸고 승화시키는 전통적 해학의 분위기를 띤다.

황만근은 동네 사람들의 조롱과 무시 속에서 살다가 아무도 보지 않는 시골길에서 쓸쓸히 삶을 마감한다. 이름을 남길 만 한 일은 하지 않았지만 그 누구보다도 이름을 남길 만한 아름다운 삶을 꾸리다 간 것이다. 그래서 그의 묘비명은 무명씨로 살다 간 수많은 이 땅의 소박한 민초들에게 바치는 헌사와 같다.

"어느 누구도 알아주지 아니하고 감탄하지 않는 삶이었지만 선생은 깊고 그윽한 경지를 이루었다. 보라, 남의 비웃음을 받으며 살면서도 비루하지 아니하고 홀로 할 바를 이루어 초지를 일관하니 이 어찌 하늘이 낸 사람이라 아니 할 수 있겠는가."

성석제는 고향을 묘사하면서 이렇게 말한 적이 있다.

"오염물질을 배출하는 공장이 없어 공기와 물은 맑은 본연의 기운을 그대로 지니고 있다. 기후는 온화하고 태풍이나 홍수 같은 자연재해는 별로 없었다. 이런 곳에서 태어난 내가 어릴 때 가장 많이 듣던 말 두 가지는 '풍신을 바르게'와 '염치'였다."

낙동강은 상주의 옛 지명 상락$_{上洛}$의 동쪽에 있는 강이란 말에서 왔다고 한다. 상주 읍내의 서쪽에는 낙서$_{洛西}$라는 곳이 있다. 성석제의 본적지인 낙양동의 서쪽이란 뜻이다. 낙서에

곶감작업 ⓒ 손민호

서 동쪽으로 내려가면 능암리(綾岩里)가 나오는데, 비단처럼 아름다운 바위 때문에 '능바위'라고 불렸고 어린이들은 '넘바우'라고 불렀단다.

상주에는 흥암서원이 있다. 노론의 영수 동춘당 송준길 선생을 모신 서원이다. 그 주변에는 북천이 흐른다. 성석제가 어린 시절 일방구(일바위)라고 불렀던 곳에서 아이들이 북천의 깊고 푸른 소에 뛰어들었다고 한다. 북천에서 하류로 내려오면 임진왜란 북천 전적지가 있다. 이일 장군이 이끄는 조선군이 일본군에게 패퇴한 뒤 상주 여러 곳에서 의병이 일어나 왜군에게 막대한 피해를 입혔다. 성석제가 추천하는 상주의 명물은 사벌면 삼덕리의 경천대(敬天臺)다. 아름다운 풍광을 내려다볼 수 있는 전망대다.

경주 경산 자인

원효의 무애가·무애무_{無碍歌·無碍舞}
"흥과 재미를 통한 걸림 없는 대중 교화"

오늘날처럼 인터넷이라는 가상공간에서 정보를 공유하기 전, 즉 아날로그시대의 정보는 주로 5일 간격으로 열리는 '장터'에 모인 사람들의 귀와 입을 통해 산골 구석까지 퍼져나갔다.

장터는 그 때 그 때 필요한 어떤 정보가 있는 일정한 장소이다. 이곳은 지금의 인터넷의 쇼핑 '사이트'에서 볼 수 없는 '표정'이 살아있고 '잡음'이 살아 있다. 사람과 사람 '사이'에서 살아 숨쉬는 '사이트'이다.

여기에는 노래·외침·고함·아우성·호통·중얼댐·잔소리·다툼·한숨·신음·비명·굉음·호흡·웃음·헛기침 등등 온갖 인간과 물건과 동물들의 잡음과 소음들이 배경으로 깔려 있다. 그것은 생명의 잡음이자 소음이다.

그 뿐 아니다. '장터'에는 얼굴 표정·몸짓·손짓·발짓·눈빛·걸음걸이·입 모양 등등 신체의 선율과 리듬, 그리고 결과 무늬가 살아 있는 곳이다. 이런 배경이 되는 소리와 몸동작을 통해 흥정과 대화 같은 소통이 이루어진다.

해가 뜰 때 시작되어 해가 질 때 끝나는 장날은 우리네

어머니와 할머니의 놀이
터였다. 이 놀이터는 시
장바닥의 삶이 걸림 없
이 펼쳐진다. '그게 그
거다'라는 달관과 큰 어
우러짐의 흥이 있는 곳
이다. 이런 시장판에는
어김없이 엿장수 가위질
에다 "어얼씨구 저얼씨
구 들어간다. 작년에 왔
던 각설이 죽지도 않고
또 왔네."라며 흥을 돋
우는 〈각설이 타령〉이
들리기 마련이다.

원효 보경사 소장

각설이패들이 벌인
'판'은 장터를 '난장
(亂場)'으로 이끈다. '난장
판'이다. 장을 보러온 사
람도 물건을 파는 사람도 너나없이 노래와 춤을 추는 통에 장
터가 들썩거린다. 천 조각을 꿰매어 입은 남루한 차림의 각설
이들은 바가지를 차고 익살스런 표정으로 춤과 노래를 부
른다. 그들의 허리춤에 매달린 바가지는 동냥을 받는 금고
이자 밥그릇으로, 걸식을 상징한다. 동작마다 허리춤에서
나오는 '딸각' 소리는 '나는 누구인가? 나는 무엇을 하는

경산 제석사, 원효성사전元曉聖師殿 현판

가?'를 각성시키는 소리이다. 자신이 자신임을 인식하게 바가지 소리는 바로 중생들을 일깨우는 목탁소리이다.

지금으로부터 천년을 거슬러 가자. 거기 커다란 방갓을 쓰고 바랑을 짊어진 한 거사가 저잣거리에 바가지_{호로胡蘆 혹은 뒤웅박}를 두드리며 부르는 노래를 들을 수 있다. 바가지의 리듬에 따라 '일체 걸림 없는 사람이 단박에 삶과 죽음을 벗어났도다_{一切無㝵人, 一道出生死}', _{『三國遺事』卷4「元曉不羈」}라는 무애가_{無㝵歌}를 부르고, 그 선율에 몸을 실어 무애무_{無㝵舞}를 추고 있는 원효대사_{元曉大師}를 발견 할 수 있다. 그의 호로는 불구_{佛具}이며, 무애가는 『화엄경_{華嚴經}』의 게송으로, 그는 자신의 깨달음인 '걸림 없는 자유[無㝵]'를 노래와 춤으로 표현하였다. 한마디로 무애의 퍼포먼스_{악기, 노래, 춤}는 걸림 없는 자유의 흥을 표현한 것이다.

원효가 불교 대중화를 위한 가무로 시작한 무애가 · 무애무는 처음에는 간단한 형식의 민중적 성향의 가무였을 것이다. 이것이 고려시대에 이르러서는 궁중으로 유입되어 향악정재_{鄕樂呈才}로 바뀐다. 즉 궁중과 귀족층 대상의 가무로 격식화된다는 말이다. 조선시대에는 정재로 이어지다가 억불

숭유 분위기로 해서 뜸해지다가 순조 때에 재개된 바 있다. 해방 이후 정재 재현작업으로 현재로 계승되어 오고 있다.

원효의 삶은 무애의 실천을 통한 깨달음이다. 그는 일체의 굴레에서 벗어난 자유로움은 원효가 실계失戒 즉 요석공주를 아내로 맞아 설총을 낳은 일한 뒤로 승복을 벗고, 스스로를 '근기가 작은 남자小姓居士'라 일컬으며 방랑의 길을 떠나는 것으로부터 시작된다. 그는 우연히 광대의 바가지 놀이를 보고, 깊은 인상을 받는다. 그리고는 자신도 바가지를 들고 동네에 들어가 밥을 빌어먹고, 어디서나 사람들이 모이면 바가지를 두드리며 노래와 춤을 추며 사람들에게 불법을 전했다. 이러한 걸림 없는 실천[無碍行]은 바로 중생과 부처, 귀족과 백성이 하나라는 통찰에 의한 것이다. 특히 그는 화쟁和諍의 방법을 제시함으로써 모든 상대적인 인식과 중생의 마음을 화회和會·회통會通시키고자 하였다. 화쟁은 너와 나 그리고 있음과 없음 등의 모든 상대적인 것들을 원융圓融케 하는 것이다. 중생의 마음이 각각 다르다면 원융과 조화가 이루어질 수 없다. 원효는 중생의 마음을 하나로 만들기 위해 계층, 성별, 노소의 구분 없이 모두가 회통할 수 있는 방법을 노래와 춤을 통해 구현하였다. 무애가의 울림이 너와 나를 하나로 이어주고, 무애무의 손짓, 발짓이 인간과 천지만물의 조화를 이룰 때가 바로 원융을 실현하는 것이다.

이광수의 소설 『원효대사』에서 이러한 점을 이렇게 표현하였다.

원효, 무애가 · 무애무 탱화

"성인은 그 누구며, 범부는 그 누구냐. 유정(有情) 무정(無情)이 모두 불성이다. 한 마음으로 나툰 중생 부처 아닌 이 어디 있나.… 현세 즉 극락이라 이 아니 보국(報國)이냐. 어허 기쁜지고 지화자 좋을씨고. 법고 둥둥 울려 한바탕 춤을 추자." 노래를 끝내고 원효가 춤을 추니 사백 명 대중도 모두 일어나 춤을 추었다.

원효의 노래는 부처의 '원음 圓音: 누가 들어도 이치에 맞는, 둥글고 부드러운 말씀'처럼, 소중한 나의 삶이 또한 나와 다른 상대를 인정하고 배려하여 융화된 마음을 갖게 하였다. 그는 세상의 모든 사람이 부처의 불성을 지닌 소중한 존재이며, 그들이 사는 세상인 현실이 바로 극락이라 하였다. 모든 중생이 부처인 이 세상에 한 마음 한 뜻으로 둥근 소리를 낼 때, 나의 기쁨이 너의 기쁨이 된다. 이 때문에 절로 우쭐우쭐 어깨춤을 추고 덩실덩실 손과 발을 움직이며 원융의 순간을 누릴 수 있는 것이다.

이렇듯 천년전 원효의 두드림은 걸림 없는 자유의 흥이다. 가끔은 "작년에 왔던 각설이 죽지도 않고 또 왔네."라는 가사를 흥얼거리며, 원효의 두드림이 도래하는 순간을 상상해보자. 이렇게 그의 흥을 그려봄도 좋을 것이다.

울주 반구대 암각화

신화 속에서 숨 쉬는 고래: 고래잡이의 흥, 그 기억을 더듬다

텨……ㄹ썩, 텨……ㄹ썩, , 쏴……아.
린다, 부슨다, 문허 바린다.
처……얼썩, 처……얼썩, 척, 쏴……아.
때린다, 부순다, 무너버린다.

망망대해가 몰아쉬는 숨결인 파도 한자락. 끊임없이 바닷가의 돌과 바위를 때리고 있는 광경이다. 최남선의 시 「海에게서 少年에게」의 첫머리 아닌가.

친일로 돌아서기 훨씬 이전 소년 시절, 최남선은 『소년』지 창간을 통해 문명의 희망과 빛을 전해주는 통로로 '바다$_{海}$-대양$_{大洋}$-해양$_{海洋}$'에 주목할 것을 환기시킨 바 있다. 3면이 바다인 우리 민족이 '해왕$_{海王}$'='영국의 해군'의 성취에서 힌트를 얻고 '바다'에서 희망과 상상력을 찾으라는 말이었다. 그렇다. 우리에게도 일찍 '바다'를 향한 꿈이 있었다.

푸른 바다 한가운데, 등에서 물을 뿜어내며 거친 파도를 가로지르는 고래의 거대한 몸짓을 바라보던 우리 선조들. 경이로움을 느꼈으리라. 얼마나 흥겨운 바다의 광경이었을까? 고래는 우리의 기억 속에 잊혀진 바다의 추억과 함께 화석이 돼버린 채로 있었던 것이다.

이것은 우리의 삶에서 고래를 '거대함', '역동성', '높은 지위' 등을 상징하는 데서도 알 수 있다. 최근 우리 사회에서 유행했던 '칭찬은 고래도 춤추게 한다.'는 말은 작은 칭찬 한마디가 커다란 덩치의 고래마저 움직일 정도라는 은유이다.

고래는 양적으로 '큰 것'의 상징인 것이다.「이 사람은 술고래다. 큰 사발에 줘야 한다 此人鯨也, 宜用大鉢」처럼, 술 마시는 양이 굉장함을 고래의 큰 덩치로 먹는 물의 양에 비유한다.「고래싸움에 새우 등 터진다 鯨戰蝦死」는 것은 새우의 작은 존재에 대비되는 고래의 거대함을 대비한 것이다. 아울러 권세가의 대궐 같은 기와집을 '고래등 같은 집'이라 표현하는데, 검은 기와로 지은 근사한 집 모양이 마치 고래의 등과 같음을 말한 것이다.

우리의 일상적 언어습관에서 고래의 형상은 외형적인 특성에 그치지 않고 이상향의 상징으로 그려지기도 한다.

술 마시고 노래하고 춤을 춰 봐도 가슴에는 하나 가득 슬픔뿐이네.
자, 떠나자 동해바다로 신화처럼 숨을 쉬는 고래 잡으러

송창식이 부른 〈고래사냥〉의 일부분이다. 고통스런 현실에서 '술 마시고 노래하고 춤을 춰 봐도' 가슴 가득한 슬픔은 사라지지 않기에, 꿈에서 본 '신화처럼 숨을 쉬는' 작은 고래가 있는 동해로 떠나려 한다. 꿈을 담은 고래가 사는 바다는 동해만이 아니었다. 옛 기록에서는「아득 아득 마한 땅, 여기 저기 고래 노는 바닷가 渺渺馬韓地, 區區鯨海濱」처럼,

마한 땅의 서해안에서도 고래는 노닐고 있었다. 3면의 바다, 고래가 있는 풍경. 우리가 '잃어버린/잊어버린' 그리운 옛 바다의 '신화神話' 아닌가.

이 신화 속의 고래는 경상남도 울주에 있는 반구대 암각화에서 '신화神畵'의 원형으로 남아있다. 잠시 이 광경을 상상해본다.

[6천년 전으로 거슬러 태화강 지류를 따라 대곡천으로 가면, 반구대 앞에 방금 고래 사냥을 마치고 돌아온 포경선이 나타난다. 포경선 주위로 웅성이는 사람들을 비집고 들어가니, 지느러미 아래 창살이 꽂힌 고래(🐟)가 비틀대고 있다. 고래 사냥꾼들은 배보다 큰 고래를 잡기 위한 사투를 이야기(🐟)할 때마다 사람들의 함성은 반구대를 부딪치는 파도처럼 온 마을을 흔든다.

저녁 무렵, 사람들은 분주히 무엇인가를 준비하기 시작하고, 새벽이 다가오자 사람들은 하나 둘씩 절벽 앞 제단에 모여든다. 이윽고 대곡천을 붉게 물들인 태양이 돌병풍 같은 절벽위로 떠오르자 제사장은 암벽을 향해 절을 올리며 제의의 시작을 알린다. 사람들은 암벽에 새겨진 고래 떼를 향해 악기를 연주(🎵)하고, 춤을 추는(💃) 주술적인 퍼포먼스를 펼친다.

암벽에 새겨진 하늘을 승천하는 고래 떼 중에는 힘차게 물을 뿜어대는 북방 긴수염고래(🐋)와 배 주름을 드러낸 혹등고래(🐟), 향유고래(🐟)6) 등이 암벽을 뚫고 나올 듯한 기세를 드러낸다. 또한 새끼와 함께 유영하는 고래(🐟)(🐟)를 보며 풍요로움이 신성화되고, 그 옆으로 거대한 고래를 포획하는 고래사냥의 모습(🐟)(🐟)에서 고래와의 사투에서 승리한 사냥꾼들의 흥이 일어난다.]

울산 암각화박물관에 있는 도판으로 가운데 고래떼가 보인다

출처: 울산 암각화 박물관의 『울주 대곡리 반구대 암각화』, 2013.

　이처럼 고래 그림은 인간의 상상에 의해 창조된 그들의 신상(神像) 이야기 즉 신화(神話)가 새겨진 신화(神畵)이다. 그 신상에 그려진 꼬리를 철썩이며 헤엄을 치거나 수면위로 올라와 물을 뿜는 고래의 모습은 사람들이 부르는 노래 소리에 일어나는 고래의 흥이다. 차츰 사람들의 노래 소리가 커지고 팔과 다리를 힘껏 펼치며 날아오를 듯한 춤은 바다를 진동시키는 흥으로 고조되는 순간, 오랜 사투 끝에 창살을 고래의 심장에 겨누어 포획에 성공하여 내지르는 그들의 함성이다.
　암벽에 그려진 푸른 바다를 가르는 큰 덩치의 고래, 그리고 그 고래를 잡이를 기원하고 잡은 고래로 축제를 열던 선조들의 흥은 6천년이 지난 지금에도 살아 숨 쉬고 있다.
 '신화처럼 숨을 쉬는' 고래. 그것이 주술적인 흥의 퍼포먼스로 노래방에서 가끔 '고래사냥'의 노래로 살아나지만, 우리 문화 속에 살아 숨 쉬는 바다-해양 문화의 무늬와 결이 아닐까.

안동 퇴계

선비의 예의, 퇴계
"일상의 삶에서 찾는 인간의 근본"

경북 안동시 도산면 토계리에 위치한 퇴계 종택을 지키는 16대 종손 이근필 옹은 여든이 넘은 나이에도 매일 하얀 두루마기 차림으로 꿇어앉은 채 방문객을 맞이한다. 그는 방문객을 위해 평생 신념으로 지켜온 '예인조복譽人造福'이라는 글귀를 직접 써서 선물한다. 방문객에게 선조인 퇴계의 행적보다는 다른 선인들의 미담을 들려준다. 이렇듯 다른 사람을 칭찬하는 것이 바로 자신의 복이라는 네 글자에 담긴 의미를 몸소 실천하는 이근필李根必 옹. 자신을 낮추는 공경을 실천한 퇴계 선생의 정신은 오늘날 그를 통해 우리에게 전해진다.

조선의 선비인 퇴계는 예의를 누구보다 존중했다. 그의 「언행록」에서 볼 수 있는 일상적 행위와 처신은 인간과 인간 '사이'의 공경에 대한 예의였다. 그는 "여러 학생들과 상대할 때에도 마치

이원기李元基 소장 「퇴계선생진영」
혜산유숙 임모(蕙山劉淑 臨模)

존귀한 손님이 좌석에 있는 것 같이 하였다. 따라서 학생들이 모시고 앉았을 때에는 감히 우러러 쳐다볼 수가 없었으나 앞에 나아가 가르침을 받을 때는 화기和氣가 훈훈하고 강의가 다정하고 친절하여 처음부터 끝까지 훤히 통달해서 의심나거나 불분명한 것이 없었다." 『퇴계선생언행록(退溪先生言行錄)』권2, 「기거어묵지절(起居語黙之節)」 이처럼 학생들에 대한 예우에서도 알 수 있듯이 그는 자신을 낮춤을 통해 독실하게 추구했던 거경居敬: 경건·겸손·엄숙의 상태를 유지함을 내면·신체화하였다.

그는 매일 "몸을 거두어 단정히 앉았으며 옷매무새를 반드시 단정히 하고 언행을 언제나 삼가서 하였으므로 사람들이 모두 사랑하고 공경하여 감히 소홀히 대하지 못하였다." 『퇴계선생언행록(退溪先生言行錄)』권2, 「기거어묵지절(起居語黙之節)」고 한다.

이렇듯 예의는 자신을 반성하고 성찰하는 과정에서부터 '서로 공경하는 마음'이 생기도록 하는 것이 기본이다.

사람이 사람답게 살다 가는 '예의'는 퇴계가 자신의 묘 앞에 '비석을 세우지 말라!'는 유언에서 단적으로 드러난다.

> 그저 작은 돌에다가 그 앞면에 '퇴도만은진성이공지묘(退陶晚隱眞城李公之墓): 도산에 뒤늦게 은거한 진성 이씨 중 한 사람의 묘'라고만 쓰고, 그 뒤에는 오직 가례에 언급되어있는 고향과 조상의 내력(鄕里世系), 뜻했던 바와 행적(志行), 벼슬함과 물러남(出處)의 대체적인 것만을 간추려 써라.

장례에서 겉치레를 단속하며 주의하던 마지막 퇴계의 모습에서 선비들이 얼마나 예의에 철저했는가를 살필 수 있다. 퇴계의 예의는 가족을 포함한 남들에 대한 이해와 배려로 나타난다. 정신이 온전치 않았던 권씨 부인이 제사상에 대추를 집어먹자, 퇴계는 친척들의 불편한 기색에도 아내를 감싸며 이렇게 말했다. "제사도 지내기 전에 손자며느리가 먼저 음복을 하는 것은 분명 예절을 벗어난 일입니다. 그러나 할아버님께서도 손부를 귀엽게 여기실 터이니 그리 노여워하지는 않으실 겁니다." 그는 권씨 부인의 입장에서 기이한 이해하고 감싸려고 하였다. 또한 그는 권씨부인이 해진 흰 도포를 빨간 헝겊으로 꿰매어 주어도 아무 말 없이 알록달록한 도포를 입고 상가 집에도 가고, 조정의 조회에도 참석하였다. 남을 공경하는 마음에서 권씨 부인을 이해하고 포용하였다.

그의 며느리에 대한 공경은 마치 자식에 대한 사랑과도 같았다. 그의 차남 이채(李寀)가 젊은 나이에 죽자 시집오자마자 과부가 된 둘째 며느리가 안타까웠다. 당시 가부장제적 관습에 의해 과부의 재혼은 금지되었다. 이와 같은 금기에도 불구하고 퇴계는 며느리의 재가(再嫁)를 허락하였다.

배순은 조선 명종·선조 때 사람으로 본관은 흥해이다. 그는 천성과 효성이 지극히 순근(淳謹)하였다. 순흥부의 철공인이지만 학문에 힘쓰므로 퇴계선생이 서원에서 유생과 함께 가르쳤다. 선생이 떠나자 철상(鐵像)을 만들어 모시고 공부하다가 죽은 후는 3년복을 입었다. 배순이 죽은 뒤 이준 군수는 시를 짓고 군민이 기려 정려각을 세웠다. 손자 종이 묘표(墓表)를 세울 때 비를 세웠더니 먼 훗날 7대 외손 임만유가 충신백성이라 새겨 다시 세웠다.
소수서원의 퇴계선생 평민교육과 배공이 스승을 받든 이 정려비는 국내 유일의 소중한 보물이며 교육자료이다.

「배순정려비(裵純旌閭碑)」
시도유형문화재 제279호(경북)

도산서원 미니어처

  정절을 여성의 미덕으로 여겼던 당시 상황에서 퇴계의 결단은 시대의 관습을 초월한 인간에 대한 배려이자 공경이었다.
  아울러 퇴계는, 공자의 「가르침은 있어도 차별은 없다$_{有教無類}$」는 교육철학처럼, 누구에게나 차별 없이 가르침을 베풀었다. 즉 그는 대장장이 신분인 배순$_{裵純}$에게도 차별 없이 배움의 기회를 주었다. 그래서 배순은 대장장이 일을 열심히 하면서 퇴계의 가르침에 따라 배움에도 힘썼다. 퇴계가 다른 지방으로 떠나자 배순은 철상$_{鐵像}$을 만들어 모시고 공부하였다. 퇴계가 세상을 뜨자 그는 죽자 삼년상을 치르는가 하면 철상을 모시고 제사를 지냈다고 한다. 이와 같은 배순의 퇴계에 대한 지극한 예의에 감복한 군수는 그가 죽자 시를 짓고 정려비「$_{裵純旌閭碑}$」을 세웠다. 퇴계의 배순에 대한 인간적 예의, 그리고 두 사람의 사제간의 예의는 오늘날까지 훈훈하게 전해진다.

이 뿐인가. 젖이 모자란 증손자 창양_昌陽_이 영양실조에 걸려 병치레를 하자, 손자 안도_安道_는 할아버지 퇴계의 집에 막 아이를 낳아서 젖을 먹이고 있던 노비가 있음을 알고 그녀를 서울로 좀 보내달라고 긴급 요청한다. 성균관에 유학하던 안도가 갓 태어난 창양을 서울로 데려갔건만 그의 부인 권씨는 젖이 모자라 아이를 키울 수 없었던 탓이다. 그러자 퇴계는 난색을 하고, 바로 손자에게 『근사록_近思錄_』의 "남의 자식을 죽여서 자기 자식을 살리는 것은 옳지 못하다_殺人者以活己子甚不可.『近思錄』_"라는 문구를 통해 손자를 꾸짖었다. 결국 그의 증손자는 목숨을 잃고 만다. 나의 핏줄이 귀한 것처럼 남의 핏줄도 귀함을 손자에게 일깨워주고자 한 것이다.

선비의 예의는 자신과 가까운 인간에게만 머물지 않는다. 타자, 뭇 생명에게까지 미치는 법이다. 그 근저에는 타자 일반에 대한 깊은 성찰과 이해, 공경, 배려가 들어 있는 것이다.

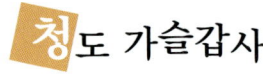도 가슬갑사

화랑의 예의: '국가를 지키려는 수련과 예의, 그 공동의 기억'

"전우의 시체를 넘고 넘어 앞으로 앞으로…화랑담배 연기 속에 사라진 전우야"

현인이 부른 「전우여 잘자라」라는 노래다. 여기에 등장하는 화랑담배는 1949년에 생산된 군용담배의 이름. 1981년까지 생산된 화랑담배에는 '이 젊음 조국을 위해'라고 적고 있다. 군인들의 국가수호 정신과 전우애를 상징적으로 담은, 지금 연기처럼 사라져 버린 화랑담배. 담배 한 개피의 연기 속에라도 담고 싶어 했던 신라의 화랑정신.

왜 군가 속에 '화랑'이 등장하는 것일까? 아마도 '사군이충事君以忠'과 '임전무퇴臨戰無退'를 계율로 하는 화랑도의 세속오계世俗五戒 때문일 것이다. 600년 진평왕 22 수隋나라에서 신라로 돌아온 원광법사圓光法師가 가슬갑사嘉瑟岬寺에 머물며 화랑 '귀산貴山'과 '추항箒項'의 요청에 따라 다음의 다섯 가지 계율을 내린다.

① 사군이충事君以忠: 충성으로써 임금을 섬겨야 한다.
② 사친이효事親以孝: 효로써 부모를 섬겨야 한다.
③ 교우이신交友以信: 믿음으로써 벗을 사귀어야 한다.
④ 임전무퇴臨戰無退: 싸움에 나가서 물러섬이 없어야 한다.
⑤ 살생유택殺生有擇: 살아있는 것을 죽일 때에는 가림이 있어야 한다.

아울러 「임신서기석(壬申誓記石)」의 비문에는 ③교우이신(交友以信)이 잘 드러나 있다.

"임신년(진흥왕 13년, 552) 혹은 진평왕 34년(612) 6월 16일에 두 사람이 함께 맹세하여 기록한다. 하늘 앞에 맹세한다. 지금으로부터 3년 이후에 충도(忠道)를 지키고 허물이 없기를 맹세한다. 만일 이 서약을 어기면 하느님께 큰 죄를 짓는 것이라고 맹세한다. 만일 나라가 편안하지 않고 세상이 크게 어지러우면 '충도'를 행할 것을 맹세한다. 또한 따로 앞서 신미년 7월 22일에 크게 맹세하였다. 곧 시경(詩經)·상서(尙書)·예기(禮記)·춘추전(春秋傳)을 차례로 3년 동안 습득하기로 맹세하였다."

단석산(斷石山) 정상부근 신라의 화랑 김유신 장군이 수련시절 칼로 바위를 잘랐다[斷石]고 하는 바위 모습

화랑들은 향가를 즐겨 짓고 불렀다. 신라 경덕왕 때, 충담사忠談師: 낭도승(郎徒僧 즉 화랑 소속의 승려)가 화랑 기파랑耆婆郎을 추모하여 지은 사뇌가詞腦歌: 10구체 향가 〈찬기파랑가讚耆婆郎歌〉에는 화랑들의 풍모가 잘 담겨 있다.

"슬픔을 지우며 나타나 밝게 비친 달이/흰 구름을 따라 멀리 떠난 것은 무슨 까닭인가/모래가 넓게 펼쳐진 물가에 기파랑의 모습이 거기에 있도다/깨끗하게 인 냇물의 자갈에/기파랑이여! 그대의 지님과 같으신 마음의 가운데를 따라 가고자 하노라/아! 잣나무의 가지가 너무도 높고 사랑스러움은/눈조차 내리지 못할 그대의 순열(殉烈)과 같구려" (유창균 풀이)

화랑들은 예술을 즐겼다. "우리나라에는 현묘한 도道가 있다. 이를 풍류風流라 하는데…이는 3교三敎를 포함包含한 것으로 모든 민중과 접촉하여 이를 교화敎化하였다."의 '풍류도'를 즐긴 것이다. 게다가 그들은 '꽃미남'이고 '얼짱'·'몸짱'이었다. 『삼국유사三國遺事』에서는 말한다. "외양이 아름다운 남자를 뽑아 곱게 단장시켜, 화랑이라 이름하고, 그를 받들게 하니 무리들이 구름처럼 모여들었다. 그들은 더러는 도의를 서로 연마하고, 더러는 노래와 음악을 서로 즐기면서 산수를 찾아 유람하여, 먼 곳이라도 그들의 발길이 닿지 않은 곳이 없었다或相磨以道義, 或相悅以歌樂, 遊娛山水. 이러한 과정을 통하여 인품의 옳고 그름을 알게 되었으니, 그 중에서 선량한 인물을 택하여 조정에 추천하였다.

화랑의 제도적 설치는 『삼국사기三國史記』의 기록으로, 576년진흥왕 37에 진흥왕이 처음 원화源花를 받들게 해 남모南

_毛_와 준정_俊貞_이라는 아름다운 두 여자를 뽑아 300여 명의 무리를 거느리게 했다. '원화_源花_'는 '원화_原花_'로도 말해지는데, 여성 우두머리로 무리_=郎徒_를 거느린다. 질투 끝에 준정이 남모를 살해한 이후, 남성을 우두머리로 한 화랑을 창설하게 된다. 이들 무리를 화랑_花郎_ 혹은 화랑도_花郎徒_라고 한다.

화랑도의 정신은 오로지 개인의 수양과 단련을 통한 국가에 대한 봉사였다. 그러나 후대에 내려오면서 화랑_花郎_은 무당을 뜻하고, '화랑이'라는 비속어를 낳으며 심지어는 매춘부나 건달을 지칭하는 말로 쓰이기도 한다. 한때 빛나던 신라의 화랑이 고려, 조선을 거치며 쇠락해온 역사를 말해주는 것이다.

분명 화랑도_花郎道_에는, 범부 김정설이 주장하는 것처럼, ①무속적_종교적_, ②예술적_심미적_, ③군사적_상무적_인 세 요소가 마치 스위스제 '아미 나이프_맥가이버 칼_'처럼 복합되어 있다. 그래서 "삼국통일 이룩한 화랑의 옛 정신을…"_박정희 작사·작곡, 「나의 조국」_. 「세워라 화랑도 빛나는 전통을 굳게 받아…」_「장교단가」_처럼, 편의적으로 그_화랑_의 '옛 정신'·'빛나는 전통'을 이어받자고 노래해왔다. 한반도의 오래된 공동의 기억을 '국가적·국민적 기억'으로 되살리는 근현대기 우리 자신의 초상이리라.

경주 최 부잣집

사방 백리 안에 굶는 사람이 없게 하라

　한국인의 문화유전자 중에서도 유난히 끈끈하고 은근한 게 정(情)이다. 개인 간에도 그렇지만 공동체 속에서의 정은 더 깊고 넓게 작용한다. 혼자가 아니라 상대와의 관계에서 보다 다층적인 활력을 불러일으키기 때문이다. 그래서 한국인의 정은 함께 나누는 것이고 서로 베푸는 것이다. 개인과 개인에서 개인과 집단, 집단과 집단으로 확산되는 문화유전자이기도 하다. 이는 오랜 시간의 퇴적 위에 내리는 마음의 뿌리이자 '우리'라는 공동체의 밑바탕을 이루는 의식의 토양이어서 하루아침에 쌓이는 것이 아닌, 장구한 세월을 거치며 두터워지는 것이다.
　만석꾼으로 유명한 경주 최 부잣집의 '정 나눔'도 그렇다. 최 부잣집은 300여 년 간 12대를 이어온 부자 가문이면서 사회지도층의 도덕적 책무인 '노블레스 오블리주'의 선도자였다. 그런 점에서 정의 사회적 외연을 넓힌 주인공이기도 하다. 게다가 가진 자와 배고픈 자의 이분법을 넘어 농경사회의 아름다운 나눔 정신을 구현한 실증사례여서 더욱 돋보인다.
　최 부잣집의 정식 명칭은 경주 교동 최 씨 고택이다. 유

경주 최 부잣집 사랑채 ⓒ 경주시

네스코 세계문화유산인 경주 월성지구 바로 옆에 있다. 신라시대 요석공주가 기거했던 요석궁 자리이기도 하다. 원래 아흔아홉 칸이었다가 화재로 사랑채와 별당 등이 소실됐고 문간채와 고방·안채·사당·창고 등이 남아 있다. 대부분의 솟을대문은 대갓집의 위용을 드러내는 것이지만 이 집의 솟을대문은 의외로 낮고 수수하다. 담장도 소담하다.

쌀 800석 보관했던 초대형 창고

이 집에서 가장 눈길을 끄는 것은 정면 5칸 측면 2칸의 초대형 쌀 창고다. 쌀 800석을 쌓았던 창고인 만큼 단연 커 보인다. 남아 있는 건 한 채이지만 이런 창고가 여러 채 있었다고 한다. 1년 쌀 생산량 3,000석 중 1,000석은 쓰고, 1,000석은 과객에게 베풀고, 나머지 1,000석은 어려운 사람들에게 나누어 주었으니 그럴 만도 하다.

이 커다란 쌀 창고에 최 부잣집의 가훈인 '육훈六訓' 정신이 그대로 깃들어 있다.

"과거를 보되 진사 이상은 하지 마라. 재산은 만 석 이상 모으지 마라. 흉년에는 땅을 늘리지 마라. 과객을 후하게 대접하라. 사방 백 리 안에 굶어 죽는 사람이 없게 하라. 며느리들은 시집온 후 3년 간 무명옷을 입어라."

3대 가기 어렵다는 부자를 12대나 이어온 이유가 바로 여기에 있다. 최 부잣집 소작농이 되려는 이들이 줄을 섰던 걸 되새겨 보면 이 집안의 '정 나눔' 철학이 어디에서 비롯됐는지도 알 수 있다.

자신을 다스리는 '육연六然'의 정신도 정 나눔을 지속적으로 이룰 수 있었던 한 축이다.

"스스로 초연하게 지내고(자처초연 · 自處超然), 남에게 온화하게 대하며(대인애연 · 對人靄然), 일이 없을 때 마음을 맑게 지니고(무사징연 · 無事澄然), 일을 당해서는 용감하게 대처하며(유사감연 · 有事敢然), 뜻을 얻었을 때 담담하게 행동하고(득의담연 · 得意淡然), 실의에 빠졌을 때 태연히 행동하라(실의태연 · 失意泰然)."

'육훈六訓'이 집안을 다스리는 제가齊家의 가훈이라면 '육연六然'은 자신의 몸을 닦는 수신修身의 가훈이었다. 이 두 가르침이 집안을 일으키고 공동체 사회로부터 존경받는 힘의 원천이었다. 이는 개인과 가문, 사회와 국가를 가리지 않고 필요한 곳이면 어디나, 누구에게나 정을 베푸는 '나눔의 곳간정신'에서 나온 것이었다.

수입의 3분의 1은 가난한 사람들에게

　최 부잣집의 중시조는 1대 부자인 최진립이다. 그는 69세 때 병자호란으로 남한산성에 포위된 인조를 구하러 출정했다가 전사했다. 곁에 있던 두 종도 시신을 안고 울면서 적의 칼을 피하지 않고 버티다 목숨을 잃었다. 그 주인에 그 노비였다. 후손들은 지금까지 음력 12월 27일 최진립 기일에 두 노비에게도 제사를 지낸다. 신분제도가 엄격했던 조선시대에 노비의 제사를 지낸 것도 놀라운 일이지만 같은 날 주인과 함께 제사 지낸 것은 더 희귀한 일이다.

　얼마 전에 발굴된 최 부잣집의 고문헌 중에 당시 경주 유림 34명이 이들 충노를 표창해달라고 경상감사에게 낸 요청서가 공개됐다. 고문헌 자료는 노비의 빚을 탕감해준 것과 생계를 위해 논밭을 지급한 일, 소작인들의 부담을 대폭 줄여준 일 등을 담은 3,000여점이나 됐다.

　이 집안이 노비와 소작인들을 특별하게 대우한 이유는 무엇일까.

　최진립은 일찍부터 아들 최동량에게 남다른 교육을 시키며 청백리의 정신과 참된 부의 의미를 동시에 가르쳤다. 이에 최동량은 지나가는 사람들이 땅을 쓰고 싶어 하면 소작료를 수확한 곡식의 반만 받고 농사를 짓게 해줬고 중간 관리자인 마름은 두지 않았다. 현재의 모내기법인 이앙법을 도입해 수확량도 크게 늘렸다.

　그의 장남인 최국선은 선대의 정신을 계승해 버려진 땅

을 개간하는 한편 소를 이용한 우경법을 들여왔다. 또 지주에게 유리한 작개제_{고율의 지세를 거두는 제도}를 버리고 병작반수제_{수확의 절반을 나눠주는 제도}를 채택했다. 그러자 "최 부잣집이 논을 사면 소작인들이 박수를 친다."는 말이 생겼다. 이는 열심히 일한 사람이 성과를 가져갈 수 있게 함으로써 노동의욕과 생산성을 높이는 마중물 효과로 이어졌다.

흉년에는 곳간 문을 열어 이웃을 구제했다. 1671년 흉작으로 농민들이 빌려간 쌀을 못 갚게 되자 그는 아들 앞에서 담보문서를 모두 불살랐다. 거지들에겐 죽을 쑤어 나눠줬고 보릿고개엔 쌀 100석을 내놨다. 1만석 이상을 쌓지 않으려는 가훈 때문에 일정량 이상이 되면 소작인에게 분배했다. 이때부터 소작 수입의 3분의 1을 빈민구제로 쓰는 풍습이 생겼고 이는 마지막 12대까지 계속됐다.

경주 최 부잣집을 찾은 아름다운 가업승계 프로그램 참가 기업인들 ⓒ 경주시

"시집 와 처음 담근 김장이 500포기였죠."

이런 전통은 대대로 이어졌다. 11대 최현식이 활빈당의 위협을 받았을 때 농민과 거지들이 나서서 물리쳐 준 것도 오랫동안 받은 정의 보답이었다. 부를 권력화하거나 사유화하지 않고 이웃과 사회를 위해 사용했기에 끝까지 존경받는 가문으로 남을 수 있었던 것이다.

마지막 부자였던 최준의 결단은 더욱 빛났다. 그는 일제 강점기에 독립자금을 마련하기 위해 백산 안희제와 함께 백산무역주식회사를 세워 임시정부의 자금공급을 도맡았다. 광복 후 김구를 만난 자리에서 자금이 한 푼도 빠지지 않고 전달된 사실을 확인하고는 안희제의 무덤을 찾아가 통곡했다고 한다. 이후 교육 사업에 뜻을 둔 그의 결단으로 전 재산을 대구대(영남대 전신)와 계림학숙을 세우는 데 기부했다.

이로써 '9대 진사 12대 만석꾼'의 300여년 전통이 우리 사회의 영원한 공동체적 아름다움으로 승화하는 계기가 됐으니, 그야말로 참다운 정의 한국적 표상을 보여준 것이었다.

최 부잣집의 또 다른 전통은 양반으로서 농민들과 함께 농사를 지으며 논두렁 인심을 나눴다는 것이다. 3대 최국선부터 그랬다. 그는 궁중의 사옹원에 근무할 때 술 빚는 법을 배워 지금의 교동법주를 만들기도 했다. 곡식만 나누는 게 아니라 술 빚는 법까지 공유한 이들 가문의 실용적인 가풍은 종가댁 바로 옆의 교동법주 한옥 건물로 고스란히 전수됐다.

　현재 종가댁 살림을 맡고 있는 종부 강희숙 씨는 70대 후반이지만 "스물세 살 때 시집와 처음 한 큰일이 500포기나 되는 김장을 담그는 일이었다."며 반세기 전의 일을 자주 회상한다. 늘 이웃들과 나눠 먹기 위해 김장을 넉넉히 해야 한다는 게 시부모에게 배운 첫 교훈이었다는 것이다.

　아쉽지만 최 부잣집에서 숙박하는 고택체험은 할 수 없다. 꼭 하고 싶다면 차로 10분 거리에 있는 배반동의 수오재를 이용하는 방법이 있다.

청송 송소고택

더 허기진 사람에게 내 주먹밥까지

경북 청송군 파천면 덕천마을에 있는 심 부잣집은 경주 최 부잣집과 달리 하룻밤 자면서 고택체험을 할 수 있는 곳이다. '송소(松韶) 심호택'이 지은 이 집은 덕천동 심 부잣집'으로도 불리지만 정식 명칭은 송소고택이다.

심호택은 호박골(청송군 파천면 지경리)에서 조상의 본거지인 이곳 덕천리로 옮겨오면서 99칸짜리 집을 13년 만에 완공했다. 2002년 고택체험 시설로 일반에 개방됐고 '한국관광의 별'로 선정되기도 했다. 서안동 IC에서 35번 국도와 914번 지방도를 타고 1시간 반 가량 달리면 닿는다.

청송 심 부잣집은 조선 영조 때 만석꾼 심처대(沈處大)부터 1960년대까지 9대에 걸쳐 만석꾼을 배출했다. 심호택은 심처대의 7대손이다. 이곳은 조선시대 정승 13명, 왕비 3명, 부마 4명을 낳은 명문가답게 수많은 이야기를 품고 있다.

우선 심처대가 인정 많은 심성으로 부자가 된 이야기부터 들어보자. 심처대가 청년 때였다. 혼자 들일을 하던 그는 뙤약볕과 배고픔 때문에 쓰러질 정도가 됐다. 가난한 살림이라 늘 끼니가 부실했으니 당연한 일이었다. 하지만 그는 연로하신 부모님을 공양해야 했기에 이를 악물고 견뎠다. 점심때가 되자 더 이상 허기를 참기 어려웠다. 그는 땀을 훔치며 보자기에서 주먹밥을 꺼냈다.

그런데 그의 눈길에 이상한 모습이 잡혔다. 자세히 보니 기력이 없어 쓰러지기 직전의 노스님이었다. 그는 자신의 처지는 잊고 주먹밥을 스님에게 권했다. 혼자 먹기에도 부족했지만 차마 모른 척할 수 없었던 것이다. 스님도 그의 사정을 알기에 몇 번이나 마다했다. 하지만 그의 따뜻한 마음을 받아들이고 주먹밥을 먹고는 기운을 차렸다.

그는 스님이 떠난 뒤에도 빈속을 달래가며 해가 질 때까지 일을 했다. 그리고 돌아가던 길에 또 스님을 발견했다. 그런데 이번엔 개울가에 죽은 듯이 쓰러져 있는 게 아닌가. 그는 스님을 업고 한달음에 집까지 와서는 정성껏 보살핀 덕분에 살려낼 수 있었다.

청송 송소고택, 하룻밤 지내면서 고택체험을 할 수 있다 ⓒ 청송군

그로부터 사흘 뒤, 스님이 그에게 따라오라고 했다. 앞서 나가던 스님이 걸음을 멈춘 곳은 산언덕배기. 아늑한 들판이 한눈에 내려다보이는 자리였다. 그곳에서 스님은 한참을 침묵하고 있다가 고개를 돌려 그를 보았다. 그리고는 "이곳에 묘를 쓰시게."라고 말했다. "그리고, 지금의 그 심성을 잘 지켜 살아가시게. 허면, 대대로 발복할 걸세."

그리고는 스님이 다시 조용해졌다. 무슨 말이라도 더 해주길 바랐지만 그저 가만히 있기만 했다. 그러더니 어느 순간 몸을 돌려 뒤도 돌아보지 않고 떠나버렸다. 그곳이 바로 호박골이었다.

도둑 떼에게 곳간 문 열어준 백발 노모

세월이 흐른 뒤 부모님이 돌아가시자 그는 스님이 일러준 묏자리에 두 분을 모셨다. 그리고 타고난 심성으로 성실히 일했고 하늘의 복까지 받아 부자가 됐다. 하지만 그는 재산에 집착하지 않았고 재력을 지렛대 삼아 권력을 탐하지도 않았다. 거기엔 또 다른 내력이 있었다.

심처대는 청송 심 씨 심원부의 후손이었다. 심원부는 고려 말 이성계의 역성혁명에 반대해 두문동_{경기도 개풍군 광덕면 광덕산 서쪽 골짜기}에 들어가 두문불출하며 불사이군_{不事二君}의 절개를 지킨 충신이었다. 후손들도 영남과 청송 일대에 내려와 숨어 지내고 있었다.

반면에 심원부의 형인 심덕부는 조선 개국공신으로 권력

을 마음껏 휘둘렀다. 그의 아들 심온과 손자 심회는 3대에 걸쳐 정승에 올랐다. 조선시대 3대가 정승에 오른 집안은 청송 심씨, 달성 서씨, 청풍 김 씨 뿐이다. 심원부와 심덕부는 형제지간이면서 정반대의 길을 간 셈이다.

지금의 덕천동으로 삶의 터를 옮기기 전까지 심호택은 늘 아들들에게 "호박골이 외져 숨어살기는 좋으나 너무 좁다."며 "손님은 느는데 집이 옹색하니 모시기 민망하고 무엇보다 우리 청송 심 씨 문중이 덕촌동에 터를 잡고 있으니 우리도 가서 함께 해야 한다."고 말해왔다.

심호택의 저택 신축 공사와 함께 거액의 자금이 움직이자 도둑들이 냄새를 맡고 덤볐다. 그들은 심호택이 없는 날을 골라 쳐들어와서는 닥치는 대로 부수고 때리며 행패를 부렸다. 그때 심호택의 노모가 나섰다. 노모는 "재물이 탐나거든 가져가거라. 애먼 사람을 해치거나 집을 부수지 말고."라고 말했다.

기품 있는 백발 노모의 얘기에 도둑들이 멈칫거렸다. 노모는 성큼성큼 다가가서는 "내 곳간으로 안내할 터이니 가져가고 싶은 만큼 가져가게."라고 했다. 곳간 문을 열어주자 도둑들은 쭈뼛거리면서 한 짐씩 싸들고는 황급히 떠나갔다. 그 가문에 그 여장부였다.

이후에도 그의 부는 계속 늘었다. 청송에서 대구까지 가려면 심 부자 땅을 밟지 않고 못갈 정도였다. 그만큼 세금도 많이 냈다. 구한말 나라에서 "화폐 가치 변동이 심하니 세금은 은화로 납부하라."는 명이 떨어지자 그는 의성군 안계

송소고택 큰사랑채 ⓒ 문화재청

 고을에 있던 전답을 모두 처분해 은화로 바꾸었다. 세금을 내기 위해 운반해온 은화 행렬이 10리에 이르렀다고 한다.
 한편으로는 인근 마을에 가난한 사람은 없는지 늘 주변을 살피면서 선조인 심처대의 따뜻한 심성을 잃지 않으려고 노력했다. 빈민을 구제하는 일뿐만 아니라 손님들을 정성껏 대접하고 나랏일에도 앞장섰다. 집안 식구들의 작은 정을 챙기는 일에도 세심한 배려를 아끼지 않았다. 가족 간의 정이 두터워야 남에게 베푸는 마음도 넉넉해질 수 있다는 의미에서였다. 이는 오랫동안 숨어 살면서 체득한 이 가문의 또 다른 '정 나눔' 방식이기도 했다.

별빛 아래 온돌방에서 묵는 고택체험

송소고택은 대문채·안채·별채·큰사랑채·작은사랑채·사당 등으로 이루어져 있고 건물마다 독립된 마당이 있다. 눈길을 끄는 것은 여느 한옥과 다른 'ㄱ'자형의 헛담이다. 큰사랑채와 안채로 드나드는 중문 사이 마당에 작은 담을 쌓아 안채에 드나드는 사람이 보이지 않도록 한 것이다. 대문이나 사랑채에서 아녀자들이 있는 안채를 보지 못하도록 설치했다고 해서 '내외담'이라고도 한다.

헛담은 남녀가 유별하던 시절 대문을 지나 안채로 드는 아녀자를 위한 배려였다. 내외법이 엄격하던 시절엔 뭇 남정네가 앉아 있는 앞을 지나 안채로 가는 게 상당히 곤혹스러웠을 것이다.

안채와 사랑채 사이 담장에 있는 주먹 크기의 구멍도 특이하다. 일명 '구멍담'이라고 한다. 구멍 수는 사랑채에서 보면 6개이고 안채에서 보면 3개다. 안채 구멍 1개에 사랑채 구멍 2개를 45도 각도로 연결한 것으로 안채에서는 사랑채가 보이지만 사랑채에서는 안채가 보이지 않는다. 이는 아녀자들을 위한 숨통이기도 하다. 이를 통해 바깥세상 구경을 했고 사랑채에 손님이 몇 명이나 왔는지 알 수 있었다고 한다.

지금 송소고택은 청송 심씨 11대 종손인 심재오 씨가 지키고 있다. 몇 해 전 서울 생활을 접고 아예 이곳으로 내려왔다. 심씨는 아직도 김좌진 장군과 함께 활약했던 이범석

장군, 고종의 다섯째 아들 의친왕, 독립운동가 조병옥 박사 등 수많은 인물이 송소고택에서 묵고 갔던 어릴 때의 기억을 또렷이 간직하고 있다.

이곳엔 송소고택 뿐만 아니라 심호택의 둘째 아들 송정 심상광이 지은 송정고택과 찰방공 심당의 종택인 찰방공종택 등 여러 고택이 보존돼 있다. 운치 있는 풍광 덕분에 슬로시티로도 등재됐는데 대부분의 저택에서 고택체험을 할 수 있다. 겨울철에는 아궁이에 불을 지펴야 하므로 반드시 예약을 하는 게 좋다.

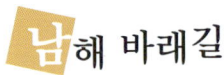 바래길

갯바위에서 바지락 캐던 어머니의 정

 우리나라에서 네 번째로 큰 섬인 남해의 둘레는 300㎞를 넘는다. 그 아름다운 해안가를 따라 굽이굽이 절경을 잇는 길이 '남해 바래길'이다. 아직은 10개 코스만 갖춰졌지만 2015년까지는 섬 전체를 한 바퀴 휘감는 길이 완성된다.
 '바래'는 갯벌과 갯바위에서 해초·해산물을 캐는 것을 일컫는 남해 토속어이다. 어머니와 누이들이 물때에 맞

남해 바래길 중 첫 번째 코스인 다랭이지겟길의 가천 다랭이 마을 ⓒ 남해군

취 소쿠리와 호미를 들고 나가 바지락이며 미역 등을 채취해 오던 갯길이니 남해 바래길은 곧 고향이요, 어머니이며, 정₍情₎이 듬뿍 담긴 생명의 길이라 할 만하다.

그 중에서도 가장 인기 있는 길은 남해 3대 명승 중 하나인 가천 다랭이 마을₍명승 제15호₎을 잇는 1코스 다랭이지겟길이다. 지족해협의 명승 제71호 죽방렴을 보며 지나는 6코스 말발굽길도 운치 있다. 상주면에 있는 명승 제39호 금산을 바라보며 해안을 끼고 도는 3코스 구운몽길 또한 절경을 만끽할 수 있는 곳이다.

1코스 다랭이지겟길은 남해 바래길 사무국의 설명대로 선조들이 지게를 지고 들과 바다로 오가던 길이어서 더욱 훈훈하다. 평산항에서 사촌해수욕장을 거쳐 가천 다랭이 마을까지 이어지는 코스에 고운 모래사장과 조약돌, 몽돌 해변이 잇달아 펼쳐진다. 돌담을 두른 농촌 마을도 만날 수 있다. 이곳 경치가 워낙 좋아 '한국의 아름다운 도로'로 선정되기도 했다.

이 코스의 절경은 설흘산과 응봉산의 급경사 중간에 자리 잡은 다랭이 마을이다. 농토를 한 뼘이라도 더 넓히려고 산비탈을 깎고 석축을 쌓아 일군 계단식 다랭이 논이 해안에서 산의 8부 능선까지 108층이나 촘촘하게 이어져 장관을 이룬다. 논밭 한 떼기라도 더 일구려는 남해 사람들의 땀과 눈물이 빚어낸 풍광이다.

여기에 이어지는 2코스 앵강 다숲길의 주인공은 앵강만이다. 다랭이 마을에서 15분 쯤 걷다보면 깎아지른 절벽 옆으로 옆구리를 깊숙하게 파고 들어온 앵강만을 볼 수 있다. 앵무새 우는 소리가 들릴 만큼 고요한 바다라는 이름값처럼 물결이 유난히 잔잔하다. 이 평화로운 길은 종착지인 벽련마을까지 이어진다.

'구운몽'의 산실 노도가 손에 잡힐 듯

3코스는 그 이름도 유명한 구운몽길이다. 주상절리 해안절벽과 상록수 숲 사이로 쪽빛 바다가 펼쳐지고, '구운몽'을 쓴 서포 김만중의 유배지인 노도가 손에 잡힐 듯 가깝다. 대량마을에서 출발해 해안으로 가다 오솔길로 접어들어 겨울에도 푸른 사스레피나무 사이를 걷다보면 팔선녀와 함께 선경에 노니는 듯한 기분마저 든다. 조릿대 군락지를 지나 일출일몰공원에 닿을 무렵 해돋이나 노을빛에 감탄사를 연발해도 좋다.

남해에는 유배 온 문인들이 많아 옛 시조 등 문학작품을 소재로 한 길도 많다. 5코스 화전별곡길은 자암 김구의 작품에서 따온 이름이다. 이 길은 천하마을에서 내산의 편백 숲과 삼동 봉화마을, 원예 예술촌과 독일마을, 물건방조어부림까지 휘어 돌며 화전花田이라는 남해의 옛 이름 뜻을 되새기게 한다.

남해 편백 자연휴양림에 있는 편백나무의 피톤치드는 심폐기능 강화와 항균·이뇨·거담효과가 뛰어나 산림욕장으로도 인기다. 원예 예술촌에는 미국·프랑스 등 16개국 정원을 테마로 꾸며 놓은 곳이다. 20가구가 살고 있는데 탤런트 박원숙 씨와 맹호림 씨도 이곳에서 카페를 운영하고 있다.

이국정취가 물씬 풍기는 독일마을에는 광부나 간호사로 파견됐던 교포들이 재료를 수입해 지은 전통 독일식 주택이 약 30채 있다. 그 아래 반달처럼 펼쳐진 물건방조어부림은 숲 전체가 천연기념물로 지정돼 있다. 태풍 등 재해를 막기 위해 숲을 만들었는데 만조 때 고기들이 나무그늘 아래 몰려 천렵도 할 수 있다. 요트학교도 어부림 곁에 있어 그림엽서 속 풍경처럼 아름답다.

지족 죽방렴 멸치쌈밥도 별미

6코스인 말발굽길과 7코스인 고사리밭길은 남해섬의 일부인 창선도에 있다. 삼동면 지족을 출발해 창선면 적량까지 걷는 말발굽길은 고려시대에 군마를 길렀다고 해서 그렇게 불린다. 남해와 창선 사이 지족해협에 설치한 죽방렴을 구경할 수 있는 것도 이 코스의 장점이다. 방파제 길과 해안길에서 일렁이는 파도소리를 들으며 걷다보면 코스의 종착지인 적량赤梁에 닿는다. 적량은 조선 세종 때 적량성이 있던 군사요충지다. 아침이면 수우도와 사량도 위로 떠오른 해가 성을 붉게 물들인다고 해서 그런 이름을 얻었다.

고사리밭길은 적량 해비치마을에서 공룡화석발자국과 고사리밭, 동대만 휴게소까지 이어지는 코스다. 산등성이를 타고 이어진 고사리밭 사이로 멋진 해안과 갯벌을 내려다볼 수 있고, 중생대 공룡발자국 화석을 따라 시간여행도 즐길 수 있다. 가인리 해안은 공룡발자국 화석지로 이름이 높은데 1억 년 전 중생대 백악기에 바다 건너 고성과 함께 공룡들의 놀이터였다고 한다. 바위 위에 크고 작은 공룡 발자국 100여개가 선명하게 남아 있어 아이들도 한껏 좋아한다.

지족해협은 죽방렴 멸치로도 유명한 곳이다. 명승 71호로 지정된 죽방렴은 남해의 전통 어업방식으로 길이 10m의 참나무 기둥을 수심이 얕고 물살이 빠른 곳에 V자 모양으로 박고 그물을 설치한 고기잡이 기구다. 현재 20여 통이 설치돼 있다. 여기에서 잡은 죽방멸치는 맛과 영양이 좋고 육질도 쫄깃해서 일반 멸치보다 최고 10배 비싼 값에 팔린다. 척박한 섬에서 자녀들의 등록금을 마련하려 손발이 부르튼 이곳 사람들의 애환이 깃든 곳이기도 하다.

바래길에서 만나는 맛에도 남해의 인정이 넘친다. 그 중 으뜸은 멸치 맛이다. 죽방멸치로 유명한 삼동면 지족리를 비롯해 멸치회·멸치찜 등을 내놓는 식당이 많다. 창선교 동쪽 아래에 설치된 죽방렴이 햇살에 빛나는 모습을 바라보며 즐기는 멸치쌈밥의 별미도 잊지 못할 추억이다.

남해 바래길 중 구운몽길에 있는 상주은모래비치 ⓒ 남해군

 포스코

무일푼에서 일군 '영일만 신화'

1968년 5월, 황량한 바람이 부는 포항 모래벌판에 2층짜리 목조 건물이 세워졌다. 포항제철소를 건설하기 위한 현장 사무소였다. 그때까지 제철소를 직접 본 사람은 없었지만, 제철보국의 일념은 쇳물처럼 뜨거웠다. 실패하면 오른쪽으로 몸을 돌려 영일만에 빠져 죽자는 '우향우 정신'으로 똘똘 뭉쳤다.

하지만 박태준 초대 사장의 마음은 무거웠다. 정부의 철강공업육성계획에 따라 허허벌판에 제철소를 지어야 하는데 돈이 없었기 때문이다. 5개국 8개사 연합체인 대한국제제철차관단 KISA이 결성된 지 2년이 다 돼 가는데도 자금 지원이 이뤄지지 않고 있었다. 당시 세계은행의 한국 담당자는 포항제철의 경제성을 거의 제로로 봤다. 이것이 치명적인 걸림돌이었다.

그 해 11월 현장을 방문한 박정희 대통령이 그에게 내뱉은 말은 "여보게, 이거 어디 되겠는가?"였다. 옆에 있던 그는 가슴이 철렁했다. 훗날 한 인터뷰에서 그는 "이 양반이 나보고 모래 속에 파묻혀 죽으라는 말이구나 하는 생각이 들었다."고 회고했다.

견디다 못한 그는 1969년 초 KISA의 모기업인 코퍼스의 포이 회장을 만나러 미국으로 날아갔다. 밤늦게까지 한국의 상황과 제철소의 필요성을 설명했지만 계산기만 두드리는 포이 회장은 끝내 수긍하지 않았다. 억장이 무너지는 것 같았다. 눈물을 머금고 돌아오는 그의 머릿속에 섬광 같은 아이디어가 떠올랐다. 대일 청구권자금을 포철 건설에 활용하는 것이었다. 하지만 일본이 그 돈의 용처를 농림수산 분야 등으로 명시해놨기에 이걸 바꾸는 게 문제였다.

그는 실무 교섭단을 이끌고 다시 일본 방문길에 올랐다. "일본이 청일전쟁 후 군비의 기초를 확립하고자 12만 톤 규모의 야하다 제철소를 건설할 때 채산성을 문제 삼지 않았지 않느냐. 일본은 1인당 국민소득이 50~60달러일 때 제철소를 시작했는데 한국은 지금 200달러에 육박하니 못할 게 없다." 교섭단은 일본 정계와 재계의 실력자들을 만나 집요하게 설득했다.

마침내 일본은 8월 22일 각의를 소집하고 26일 개막되는 한일 각료회담에서 한국의 종합제철소 건설에 협력하기로 의견을 모았다. 경부고속도로와 함께 한국 경제성장의 두 축을 이룬 '포철 신화'는 이렇게 시작됐다. 그가 대일청구권 자금으로 지은 이 제철소를 '선조들의 피의 대가'라고 불렀던 이유도 여기에 있다.

포항제철소 야경 ⓒ 포스코

실패하면 바다에 투신한다는 '우향우 정신'

1970년 4월 1일 1기 설비가 착공된 후 3년여 만인 73년 6월 9일 첫 화입식火入式이 거행됐다. 우리나라 최초로 만든 용광로에서 시뻘건 쇳물이 쏟아져 나오는 순간 그는 헬멧에 군화를 신은 산업역군들과 함께 만세를 부르며 눈물을 흘렸다.

'산업의 쌀'인 철을 생산하면서 우리 산업은 경공업에서 중공업으로 발전했고, 한국은 자동차와 조선 강국이 될 수 있었다. 그로부터 34년 뒤인 2007년 5월 30일에는 세계 유수의 철강사들이 이루지 못한 신제철공법 파이넥스FINEX 공장의 첫 쇳물을 보며 '철강맨'들이 또 한 번 만세를 불렀고, 43년이 지난 지금 세계 최고 수준의 철강회사로 성장했다.

영일만의 황무지에서 첫 삽을 뜰 때만 해도 글로벌 기업 포스코를 상상한 사람은 없었다. 그러나 '제철보국製鐵報國·철강을 만들어 국가에 보답한다'의 이념과 '우향우 정신'으로 세계 철강사의 새 장을 열었으니, 이는 창사 이래 단 한 번도 적자를 낸 적이 없는 '포철 신화'의 시작이었다.

그 바탕에는 "민족의 목숨 값인 대일청구권 자금으로 지은 제철소인 만큼 잘못하면 사표가 아니라 죽음으로 죗값을 치른다."는 비장한 각오가 있었다. 이런 다짐으로 뭉친 초기 경영진과 근로자들의 사명감은 오늘날 포철을 세계 최고 기업으로 성장시키는 정신적 밑거름이 됐다.

이후 포철은 포스코로 이름을 바꾸면서 철강 부문 '글

포스코 직원들이 2007년 포항제철소 파이넥스 2공장에서 쇳물을 뽑아내고 있다 ⓒ 포스코

로벌 넘버 원'으로 성장했다. 1982년부터는 광양만의 바다 1,500여 만m^2를 매립해 10년 만에 여의도 5배 크기의 광양제철소를 세워 세계에서 가장 큰 제철소의 대역사를 이뤘다. 광양제철소는 1987년 4월 철강을 생산한지 24년 3개월만인 2011년 8월 누적 조강생산량 3억 톤을 달성했다. 2012년 3월에는 다른 강철제품보다 가격이 비싸고 고도의 기술력이 필요한 도금제품 생산량이 5,000만 톤의 기록을 세웠다. 세계적으로 이 기록을 세운 단일 제철소는 일본 제철소 3곳에 불과하다.

광양만에서 일군 두 번째 기적

이 과정에서 광양제철소는 국내외 굴지의 기업들이 앞다투어 벤치마킹하는 '포스코형 식스시그마' 전략과 '죽은 설비도 살려내는 마이머신 활동', '업무를 공개해서 낭비를 없애는 비주얼 플래닝$_{VP}$.' 등으로 다른 나라가 따라올 수 없는 혁신의 전형을 보여줬다.

하지만 이런 성과의 이면에는 뼈를 깎는 노력과 역동적인 혁신 운동이 있었다. 2006년 7월 4일 장맛비가 내리는 가운데 직원과 가족, 지역민들이 모인 자리에서 진행된 비전 선포식도 그랬다. 광양제철소의 전임 소장이던 정준양 사장이 "오늘 흑자를 냈다고 해도 내일을 기약할 수 없는 상황"이라며 "광양제철소가 이렇게 여러분을 모시고 비전 선포식을 하게 된 이유는 철강업계가 현재 처한 현실을 널리 알리는 동시에 광양제철소의 비전을 전하고 협조를 구하기 위해서"라고 입을 열었다. 그는 "글로벌 넘버원 자동차 강판 전문 제철소를 완성하는 꿈은 광양제철소의 노력만으로는 이룰 수 없고 포스코·외주파트너사·지역민이 함께해야 한다."고 강조했다.

이어 허남석 광양제철소장은 "우리가 혁신의 고삐를 늦춘 적은 한 번도 없지만 새로운 경영 환경은 지금의 속도로는 이겨나가지 못할 만큼 무섭게 변하고 있으니 이에 대처하려면 이제껏 해온 혁신의 속도를 더 빨리, 보다 철저하게 해야 한다."며 '혁신 속도론'을 역설했다.

일본 고객사가 "포스코의 자동차 강판 제조 기술은 아직 품질 편차가 크고 결함이 반복되는 등 낮은 수준의 강종을 만드는 초보 단계"라고 말했다는 수출 담당자의 얘기와 구체적인 사례를 담은 영상물이 공개되자 참석자들의 숨소리조차 들리지 않았다.

생산량 초과 달성이나 신기술 발표 같은 '자랑'에 익숙해져 있던 사람들에게는 충격적인 일이었다. 그러나 이날의 '솔직한' 비전 선포식은 직원들의 가슴에 뜨거운 불덩이를 하나씩 안겨주었다. 회사가 위기에 처할 수도 있다는 것을 알게 된 부인들은 남편에게 더 열심히 일하라며 힘을 북돋아 주었고, 광양시 관계자들도 광양제철소가 일본을 능가하는 자동차 강판을 만드는 날까지 지역 사회가 힘을 보태겠다며 한마음이 됐다.

이런 비전 선포식은 6차례나 더 열렸고 '글로벌 넘버원 자동차 강판 전문 제철소 완성'의 함성이 광양만에 울려 퍼졌다. 이후 '사상 최대 실적'에 안주하지 않고 "위기일 때 혁신하고, 잘 나갈 때는 죽을 각오로 혁신해야 한다."는 혁신 에너지가 진가를 발휘하기 시작했다. 포스코 혁신 활동의 핵심은 "강한 현장에서 최고 품질이 나온다."는 기본 철학과 이미 성공을 거둔 상황에서 또 다시 뼈를 깎는 혁신으로 더 큰 성공을 쟁취한다는 것이다.

금속과 철강 부문에서 '세계 최고의 존경받는 기업 1위'에 오른 글로벌 기업 포스코의 오늘은 이 같은 한국인의 역동성이 일궈낸 불굴의 도전정신 덕분에 가능한 것이었다. 이제 포항과 광양 사람들은 2020년까지 매출 200조원, 글로벌 100대 기업에 진입하기 위해 철강 수요가 급증하고 있는 세계 시장에서 더 큰 승부를 벌이고 있다.

울산 현대자동차

자동차 첫 수출 현장

"1986년 1월 20일 이곳 울산부두에서 엑셀 5도어 1,050대를 선적했지요. 우리의 숙원이었던 미국 시장 진출, 그 첫 고동을 울린 역사적인 순간이었습니다."

울산 현대자동차 사람들은 지금도 그때를 잊지 못한다. 고 정주영 회장이 처음 내뱉은 말도 단골로 떠올리는 레퍼토리다.

"타이어 위에 깡통 얹고 엔진과 핸들 붙여서 달리는 게 자동차다. 그게 뭐가 어렵나."

정주영 회장이 현대자동차 간판을 단 시기는 1967년 12월 29일 금요일이었다. 다음날이 토요일 종무식이고 그 다음날은 일요일이었다. 이틀 후에 시작되는 새해에 출발하지 않고 이렇게 마지막 근무일을 택한 이유는 무엇이었을까.

그를 잘 아는 사람들은 '그게 가장 정주영다운 일'이라고 말한다. 그에게는 허드레 시간이 따로 없었다. 평소 결심하면 지체 없이 행동으로 옮기는 게 체질이었다.

당시 미국의 포드 등 빅3와 일본의 도요타, 독일의 폭스바겐은 하늘같은 기업이었다. 한국의 1인당 국민소득은

현대자동차 울산공장 수출부두에서 선적을 기다리는 자동차들 ⓒ 현대자동차

143달러였고, 수출은 3억 달러에 불과했다. 2만 5,000여 개의 부품으로 구성된 자동차산업은 첨단기계기술이 뒷받침돼야 하는데, 그런 여건도 갖추지 못한 상태에서 자동차산업에 참여하겠다니 잘못하면 웃음거리가 될 판이었다.

그런 상황에서 그는 "사람과 시간만 있으면 어떤 것도 이루지 못할 게 없다."고 강조했다. 하기야 그는 일제 강점기에 자동차정비공으로 일하면서 수많은 부품을 풀고 조여 봐서 자동차를 누구보다 잘 알고 있었다. 또 자동차산업은 종합기계공업으로서 고용창출효과가 크므로 국가경제부흥에 기여하는 것이라고 생각했기 때문에 늦출 필요가 없었다.

현대자동차를 설립하자마자 독자모델을 개발하겠다며 투자를 계속한 이유도 마찬가지였다. 1967년 12월 21일 제출한 자동차회사 설립 신청서에도 "수입대체 산업으로 국가 경제발전에 공헌할 뿐만 아니라 장차 우리나라 경제를 선도할 수출 전략 산업으로 적극 육성하겠다."고 적혀 있다.

하지만 그 시절 독자모델 개발에 찬성하는 사람은 많지 않았다. 정말로 자신이 없었기 때문이다. 그러나 그는 정세영, 당시 현대차 사장에게 이탈리아에 스타일링과 설계용역을 맡기고, 유럽 최고 스타일리스트 조지아로에게 해외 수출이 가능한 모델 디자인을 의뢰하라고 했다.

포니 7대 남미에 보내던 날

이렇게 해서 탄생한 모델이 포니다. 그는 이와 동시에 1억 달러를 투자해 5만 6,000대 규모의 공장 건설에 착수했다. 그리고 1976년 7월, 마침내 현대차의 첫 고유모델인 포니 7대를 남미 에콰도르에 처음 수출했다. 현대차가 세계시장에 진출하는 역사적인 순간이었다.

그의 좌우명은 '일근천하무난사—勤天下無難事 · 부지런하면 세상에 어려울 것이 없다'다. 뭐든지 일단 해보자며 덤비는 정신, 밀어붙이는 힘이 여기에서 나왔다. 현대자동차의 기업 정신도 마찬가지다. "어떤 일이든 '반드시 된다'는 확신 90%에 '되게 할 수 있다'는 자신감 10%로 임한다."던 그의 인생철학에서 나온 것이다.

이러한 '현대의 저력'은 아들인 정몽구 회장의 '뚝심경영'과 '품질경영'으로 이어졌다. 2000년 자동차전문 그룹으로 출범한 현대차그룹은 10년 만에 글로벌 5위에 올라 '지옥의 카레이스'보다 더 치열하다는 자동차 산업에서 기적과 같은 성과를 낸 것으로 평가받고 있다.

정몽구 회장의 취임 일성은 '품질 제일주의'였다. 그는 수시로 울산 공장과 아산 공장을 방문해서 자동차 문이나 보닛을 거세게 닫아봤다. 이런 과정에서 나사가 비뚤어져 나오거나 조립 틈새가 보이면 공장장은 그 자리에서 목이 달아났다. 아울러 한 달에 두 번씩 열리는 품질회의를 통해 품질을 구매·재경·판매 등 전사 책임으로 만들었다. 사소한 원인이라도 추적해 수시로 본부장 옷을 벗겼다. 조직에 절로 긴장감이 돌았다.

리콜사례가 빈발하자 관리자급 임직원들로부터 "신차 결함 때는 어떠한 책임도 감수하겠다."는 각서를 받았고 국내외에 품질총괄본부를 설치했다. 미국에서 '10년 10만 마일 보증제도'를 도입할 때는 "돈이 너무 많이 들 수 있다."며 말렸지만 "고장 나지 않는 차를 만들면 될 것 아니냐."며 밀어붙였다.

울산부두 · 태화강 밝히는 풍요의 도시

이런 긴장감이 현대차식 스피드와 공격적인 기업문화를 만들었다. 현대차 임원들의 신분에 대한 불안감이 다른 기업보다 높은 연유도 이런 것이다. 지금도 울산 공장을 비롯한 전국·해외 현장에서 품질 때문에 고민하고 개선작업을 위해 밤을 새는 인력이 많다.

그리고 보면 두 사람의 경영 스타일은 쏙 빼닮았다. 강

현대자동차 울산공장 승용차 생산라인 ⓒ 현대자동차

력한 리더십에서 나오는 카리스마, 목표를 높게 잡고 "하면 된다."를 강조하는 공격경영, 현장을 중시하는 품질경영 등의 공통점이 바로 그것이다.

　울산에 있는 고참 사원들은 간혹 이런 얘기를 나눈다고 한다. 정주영 회장이 초창기에 했다는 명언인데 "자동차는 깡통을 잘 만들면 된다."는 것이다. 46년 전에 벌써 자동차 경쟁력은 디자인이 좌우한다는 것을 꿰뚫고 있었다니 참으로 대단한 직관력이 아닐 수 없다. 이제 품질은 자동차 시장의 충분조건이 아니라 필요조건이 돼 버렸다. 미래의 승부는 품질 위에 어떤 디자인을 접목하느냐에 따라 갈릴 것이다.

　그러니 소 판 돈 70원으로 시작해 중후장대 산업의 기틀을 다진 그가 늘 던졌던 질문은 지금도 울산 공장 후배들에게 전수되고 있다. "이봐, 해 봤어?" "하면 된다니까." 물론 여기에는 그냥 해보라는 게 아니라 치밀한 준비를 거쳐 시도하라는 뜻이 담겨 있다. 그를 곁에서 보필했던 사람들도 "하면 된다는 왕회장 말씀은 그냥 밀어만 붙이라는 게 아니라 치밀한 계산이 항상 따라 다녔다."고 말한다. 많은 사람들이 성공의 결과만 보고 운이 좋았다든지, 역시 하면 된다는 식으로 이해하지만 그 이전의 치밀한 분석과 판단력이 있었기에 가능했다는 것이다.

그런 전통이 울산앞바다와 태화강 줄기에도 흐르고 있으니 한국 자동차의 미국 첫 수출 기지가 이곳인 것도, 한국에서 가장 풍요로운 도시가 이곳인 것도 금방 수긍이 간다.

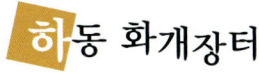 화개장터

영호남 사투리 떠들썩한 화개장터

김동리는 소설 '역마'에서 화개장터의 옛 모습을 촘촘하게 그리고 있다.

> 지리산으로 들어가는 길이 고래로 허다하지만 쌍계사(雙磎寺) 세이암의 화개협 시오리를 끼고 앉은 화개장터의 이름이 높았고, 경상·전라 양도 접경이 한두 군데일 리 없지만 또한 이 화개장터를 두고 일렀다. 장날이면 지리산 화전민들의 더덕, 도라지, 두릅, 고사리들이 화갯골에서 내려오고 전라도 황화물 장사들의 실, 바늘, 명경, 가위, 허리끈, 족집게, 골백분들이 또한 아랫길에서 넘어오고, 하동 길에서는 섬진강 하류 해물장사들의 김, 미역, 청각, 명태, 간조, 간고등어들이 들어오곤 하여……

그는 화개장터에 물류기능 말고도 다른 의미가 많다는 것을 잇대어 설명한다.

> 가끔 전라도 지방에서 꾸며 나오는 남사당, 여사당, 협률(協律), 농악, 창극, 신파, 광대들이 마지막 연습 겸 첫 공연으로 여기서 반드시 재주와 신명을 떨고서야 경상도로 넘어간다는 한갓 관습과 준례가 이 화개장터의 이름을 높이고 그립게 하는지도 몰랐다.

이처럼 화개는 옛날부터 전라도와 경상도의 물산이 모이고 흥정이 이뤄지던 주요 장터다. 주어진 운명을 거스르기

화개장터 대장장이 ⓒ 하동군

보다는 그것을 천명으로 여기며 삶에 순응해 가는 장사꾼들의 하루하루가 스며든 곳. 광복 후 친구 따라 이곳에 잠시 머물렀던 김동리는 팔도 장사꾼과 함께 모여든 남사당패를 모델로 소설을 쓰면서 '떠도는 인생들의 정거장'으로 묘사했던 곳.

지금은 화려했던 그 시절 모습을 찾아보기 어렵지만 초하루 엿새장이 서던 장터의 와자한 웃음소리는 지금도 들리는 듯하다. 강을 건너기 위해 줄배를 타던 목넘이나루의 소란스런 모습도 눈에 선하다.

조금만 발품을 팔면 지리산 칠불사 가는 길의 풍광과 더덕·도라지·두릅 등을 내다 팔던 화전민들, 실·바늘·면경·가위·허리끈을 가져왔던 전라도 황아장수들, 김·미역·청각·명태·자반·조기 등을 팔던 해물 장수들을 금방이라도 만날 수 있을 것 같다.

돛단배가 들어올 수 있는 섬진강 최상류 장터

유장하게 흐르는 섬진강 물과 대나무, 차밭이 이어진 산자락을 보면서 생각해보니 박경리 소설 '토지'의 월선네 주막이 있던 곳과 그녀가 장날 아침마다 용이를 기다렸던 곳도 이곳이며, 동학농민운동 때 불타버린 500여 채의 민가 자리도 여기 어디쯤에 있을 것이다.

화개장이 유명했던 이유에는 지리적 특성도 있다. 화개천이 섬진강과 합류하는 이곳은 행상선行商船의 돛단배가 들어올 수 있는 섬진강의 최상류 지점이다. 그래서 조선 시대부터 지리산 일대의 산간과 섬진강 주변 고을들을 이어주는 상업의 중심지 역할을 해 왔다. 강물을 주요 교통수단으로 활용할 수 있었기 때문에 경상도와 전라도 사람들이 내륙의 임산물과 농산물을 남해에서 생산된 해산물과 바꾸는 데에도 유리했다.

화개장이 언제부터 형성됐는지는 확실하지 않지만 '화개면지'를 보면 1770년대에 1일·6일 형식의 오일장이 섰던 기록이 있다. 옛적에는 남원과 상주 상인들도 모여들었으며 중국 비단과 제주도 생선까지 거래했다고 한다.

광복 전까지 전국 5대 시장의 하나였을 만큼 번성했던 화개장은 6·25 이후 지리산 빨치산 토벌 등으로 산촌이 황폐해지면서 쇠퇴했는데, 지금은 화개다리 옆에 복원한 현대식 화개장터가 옛날 전통시장의 기능을 대신하고 있다. 그 시절에 비해 지금은 많이 위축됐지만 그래도 전통 5

일장의 맥을 꿋꿋이 이어가고 있다.

　옛 장터 자리에는 예전의 영화를 기리는 화개장터비가 세워져 있어 관광객들의 촬영장소로 인기를 끌고 있다. 조영남 노래 '화개장터'의 가사를 적은 석조물과 옛 보부상의 조형물, 이곳에서 일어난 3·1운동 기념비도 있다. 하동의 명물인 따뜻한 재첩국과 녹차국수를 즐기는 것도 문화유전자답사의 묘미다.

쌍계사까지 화개 10리 벚꽃길 장관

　화개$_{花開}$는 글자 그대로 꽃이 피는 마을이다. 경남 하동군 화개면에 있지만 전남과 접경을 이루고 있어 흔히 영호남 화합의 상징으로 불린다. 4월 초 봄 벚꽃이 흐드러지게 피는 화개장터 벚꽃축제에는 전국의 젊은이들이 모여든다. 특히 화개장터에서 쌍계사까지 이어지는 화개 10리 벚꽃길은 청춘 남녀가 손잡고 걸으면 백년해로를 한다고 해서 일명 '혼례길'로도 불린다.

　길 양편의 벚나무들이 안개처럼 뽀얀 꽃송이를 피워 올리는 모습도 장관이지만 끝없이 펼쳐진 벚꽃 터널 아래 천히 걸음을 옮기며 꽃구경을 하다보면 선계에 온 듯한 느낌까지 든다. 바람이 불면 일제히 흩날리는 꽃비의 향연도 즐길 수 있다. 벚꽃길 저편에는 초록빛 야생 차밭이 줄줄이 이어져 10리 벚꽃길의 정취를 더해준다.

　벚꽃축제 기간에는 평소 보기 드문 궁도대회와 보부상 퍼

레이드·벚꽃제례·벚꽃장사 선발전·화개장터 마당극·벚꽃가수 선발전·아나바다 장터·녹차와 고로쇠 무료시음회·봄나물 판매장 개설·청사초롱 밝히기·품바 및 사물놀이 공연·민속놀이 체험 등이 상설로 열린다.

화개 인근은 또한 차의 고장이다. 『삼국사기』에 따르면 신라 흥덕왕 3년에 당에서 가져온 차를 처음 심은 곳이 이곳이다. 그래서 화개 부근 산자락마다 차나무가 푸르게 펼쳐져 있다. 인근 섬진강 매화마을과 광양 청매실농원의 봄 매화축제도 놓칠 수 없는 즐거움이다.

하동포구 80리길도 유명하다. 이곳 화개에서 하동읍을 거쳐 임진왜란 때 이순신이 왜군을 격파한 노량 앞바다의 하동군 금남면 노량나루까지 이어지는 뱃길이 32㎞여서 사람들은 이 길을 '팔십 리 뱃길'이라고 불렀다.

주변에 쌍계사·평사리공원·삼성궁·청학동·칠불사·녹차시배지·화개계곡·연동계곡 등의 관광지도 있다. 5월 야생차 문화축제 기간에 열리는 화개장터 역마 예술제에서는 마당극과 판소리 공연도 즐길 수 있다.

화개장터에서 쌍계사까지 이어지는 10리 벚꽃길 ⓒ하동군

하동 평사리

섬진강과 악양벌을 뒤흔든 정한情恨의 근현대사: 『토지』의 무대

1897년의 한가위
까치들이 울타리 안 감나무에 와서 아침인사도 하기 전에 무색옷에 댕기꼬리를 늘인 아이들은 송편을 입에 물고 마을길을 쏘다니며 기뻐서 날뛴다. 어른들은 해가 중천에서 좀 기울어질 무렵이래야, 차례를 지내야 했고 성묘를 해야 했고 이웃끼리 음식을 나누다 보면 한나절은 넘는다. 이 바람에 고개가 무거운 벼이삭이 황금빛 물결을 이루는 들판에서는 마음 놓은 새 떼들이 모여들어 풍성한 향연을 벌인다.

소설가 박경리가 25년간의 산고 끝에 완결한 『토지』의 첫 장면은 뜻밖에도 평화롭게 시작한다. 가난한 백성들이 맞는 명절도 겉보기엔 그럴 수 있다. 하지만 작가는 '팔월 한가위는 투명하고 삽삽한 한산 세모시 같은 비애는 아닐는지'라며 비애의 속내를 한 꺼풀 들춘다.

『토지』의 무대인 경남 하동군 악양면 평사리. 섬진강이 500리를 흘러와 하동포구에 닿기 전 강 동쪽에 펼쳐놓은 악양 들판이 내려다보이는 곳이다. 경남 지방에서는 좀체 보기 드문 너른 들이어서 "타관 거지가 들어와도 1년은 놀고먹을 수 있다."는 말이 생길 정도로 풍요로운 터전이다. 섬진蟾津이란 강 이름을 한자말로 '두꺼비나루' 다. 고려 우왕 때 왜구가 강을 거슬러 침범해 왔을 때 밤에 두꺼비 떼가 나타나 큰 소리로 우는 걸 보고 놀라 도망쳤다는 전설이 깃든 이름이다.

평사리와는 전혀 인연이 없던 박경리가 이곳을 무대로 삼은 이유는 무엇일까. 통영 출생으로 진주에서 학교를 다닌 박경리는 1960년대 어느 날 딸과 함께 화개의 친척집을 방문하는 길에 악양들을 접하고는 이곳을 무대로 삼기로 했다고 한다.

"내가 경상도 안에서 작품의 무대를 찾으려 했던 이유는 언어 때문이다. 통영에서 태어나 진주에서 성장한 나는 '토지'의 주인공들이 쓰게 될 토속적인 언어로 경상도 이외의 다른 지방 말을 구사할 능력이 없었다. 그러나 만석꾼의 토지란 전라도 땅에나 있었고, 경상도 안에서 그만큼 광활한 토지를 발견하기는 어려웠다. 평사리는 경상도의 어느 곳보다 넓은 들을 지니고 있었으며, 섬진강의 이미지와 지리산의 역사적 무게도 든든한 배경이 돼줄 수 있는 곳이었다. 나는 그래서 평사리를 '토지'의 무대로 정했다."

600여 등장인물 아우르는 '무딤이들'

소설에서처럼 악양 들녘은 만석지기를 여럿 냈을 만큼 기름지다. 1969년 집필을 시작해 25년 만에 완결한 '토지'의 등장인물 600여 명을 능히 담아낼 만한 토양이다. 작중 인물들의 숱한 상처와 이를 에둘러 치유하는 인정의 연줄이 얽혀 있는 곳이기도 하다.

'토지'는 이곳 평사리 들판과 최 참판 댁에서 시작해 갑오 농민혁명과 개항기, 일제 강점기까지 하동·진주·서울·간도·만주 용정·일본·중국 등으로 무대를 넓혀간다. 이곳은 서희와 길상의 고향이자 용이와 월선의 애틋한 사랑, 온갖 민초들의 삶이 어우러진 명작의 무대인만큼 수많은 사연을 간직하고 있다.

평사리가 '토지'의 배경이 될 수 있었던 것은 주위가 산으로 둘러싸인 '무덤이들'_{악양벌} 덕분이기도 했다. 농사꾼뿐만 아니라 스님과 포수, 백정 등 다양한 삶의 층위를 드러내는 인물들이 살아갈 여건을 갖춘 지리적 특성이 작용한 것이다. 하동군의 북부에는 지리산을 비롯한 높은 산들이 솟아 있다. 평사리에서 쫓겨난 서희가 만주에서 돌아와 자리잡은 진주도 가까운 곳에 있다.

알다시피 '토지'는 최 참판 일가와 이용 일가의 가족사를 중심으로 구한말부터 광복까지의 내용을 담고 있다. 1부는 1894년 최 참판 일가의 몰락을 그리고 있으며, 2부는 만주에서의 최서희의 재기와 조준구에 대한 복수, 최서

드넓은 악양벌판 ⓒ 하동군

희와 두 아들을 비롯한 평사리 사람들의 귀향을 다루고 있다. 3부에서는 만주와 일본 도쿄, 서울과 진주로 무대가 넓어진다. 4부에서는 김길상의 출옥과 탱화의 완성, 기화_{봉순이}의 죽음, 일본인 오가다 지로와 유인실의 애증을 그리고 있으며 이용의 아들 홍과 최서희·김길상의 아들 얘기가 등장한다. 5부에서는 2차 세계대전 가운데 한국인들의 고난과 광복의 염원을 형상화하면서 이양현과 최윤국, 송영광의 삼각관계를 다루고 일본의 항복을 알리는 라디오 방송을 들은 이양현이 서희에게 달려와 소식을 전하는 것으로 끝을 맺는다.

    이 모든 이야기의 출발점인 평사리에 '토지'의 드라마 세트장이 지어져 실제로 이곳에 그런 공간이 있었던 듯한 착각을 갖게도 한다. 이는 세트장이 소설 속 평사리의 이미지를 그만큼 잘 살렸기 때문이다. 이곳의 주 건물은 최 참판댁이다. 최서희의 조모 윤씨 부인의 생활공간인 안채와 서희의 공간인 별당채, 최치수의 사랑채를 비롯해 문간채, 행랑채, 중문채, 사당, 초당, 사주문, 뒷채까지 지어져 있다. 별당채 입구의 우물과 경내 작은 연못, 수목들도 물레방아 등과 함께 조화를 이루고 있다.

모든 길은 최 참판 댁으로 이어진다

최 참판 댁 ⓒ 하동군

　멀리서 봐도 "평사리의 모든 길은 최 참판 댁으로 이어진다."는 말이 실감난다. 최 참판 댁은 경제적으로나 정신적으로나 평사리 공동체의 구심점이다. 평사리 사람들도 최 참판 댁과의 부대낌 속에서 고단한 삶을 영위하며 더 나은 미래를 꿈꾼다. 마지막에도 평사리는 계급과 사상, 생활 양식이 다른 다양한 인간들이 화합하고 교류하는 공간으로 거듭나는 걸 보면, 이곳이 생명의 터전으로 다시 살아나기를 바라는 작가의 바람이 투영돼 있다는 평가에 고개가 끄덕여진다.
　최 참판 댁의 3대에 걸친 불행을 마감하고 다시 평사리의 안주인으로 복귀하는 서희의 성공을 농촌의 건강한 삶,

정으로 맺어진 사람들의 생활공간과 연결시키는 견해도 많다. 길상이 독립운동을 벌이다 투옥된 뒤 진주로 내려와 도솔암에 칩거하며 일생의 꿈인 탱화를 마무리하는 장면 또한 서희와의 갈등을 끝내고 계급적·사상적 벽까지 넘어 사랑을 완성하는 것과 겹쳐진다.

이 모든 인고와 생명과 사랑의 공간이 결국 평사리에서 출발한 다양한 군상의 공동선 추구 과정으로 집약된다. 그러고 보니 악양들을 휘감고 도는 섬진강의 유연한 흐름 또한 우리 정서의 원류와 닮았다.

평사리에는 소설 속의 주요 공간을 따라 걷는 '토지길'과 박경리의 문학을 기리는 평사리문학관도 마련돼 있다. 이곳에서는 매년 '토지문학제'가 열려 작가를 추모하고 문학정신을 계승한다. 작가 지망생들이 합숙하며 문학캠프를 열기도 한다. 인근의 북천면 직전리에 있는 이병주 문학관에서도 매년 '이병주 문학제'가 열리니 때 맞춰 문학순례에 나서보는 것도 의미 있는 일이다.

전라

흑산도 홍어 – 곰삭음
담양 소쇄원 – 자연스러움
강진 다산초당과 백련사 – 어울림
완도 청산도 – 공동체
순천 낙안읍성 – 공동체
진안 마이산 – 끈기
화순 운주사 – 끈기
고창 서정주 – 해학
진도 씻김굿 – 흥
장수 논개사당 – 예의
구례 운조루 – 정

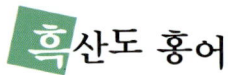 산도 홍어

도망가고 싶은 곰삭음의 지존

'젓가락으로 음식을 잡은 손이 살짝 떨린다. 양미간을 살짝 찡그린 얼굴. 고개를 들어 밥상에 함께 앉은 사람들의 눈치를 둘러본다. 그래도 입가엔 연한 미소가 돈다.'

다른 사람들은 '좋은 음식을 앞에 놓고 이상한 짓을 한다'는 표정이다. 그러면서도 입은 꽉 다물고 눈웃음을 치며 그녀의 얼굴 짓, 몸짓을 즐기고 있다. 그녀는 지금 새로운 음식에 도전중이다. 여기까지는 슬로우 비디오 동작이었다면 이후부터는 2배속, 4배속으로 돌아가는 재생 테이프 같다.

'갑자기 왼손으로 코를 틀어막는다. 잽싸게 젓가락 끝 음식을 끌어당겨 입으로 넣는다. 두 눈을 질끈 감고 한입 꽉 씹는다. 숨도 쉬지 않고 꿀꺽. 그리곤 곧바로 캑캑거리고 눈물까지 찔끔 흘리며 울상을 짓는다.'

밥상머리의 다른 사람들은 모두 까르르 웃는다.

오감을 흔들어버린 맛의 혁명

전라남도 나주시 영산동에 있는 홍어전문점 '홍어1번지'의 손님상에서 벌어진 풍경이다.

"쾨쾨한 화장실 같은 냄새가 나는 이런 걸 왜 먹는지 모르겠어요. 간신히 삼켰는데 입안이 얼얼해요. 그런데 뜨거운 국물을 마셨을 때처럼 입천장도 벗겨진 것 같아요."

푹 삭은 홍어를 첫 경험한 박소현 씨. 그녀는 장래 한식요리사를 꿈꾸는 외식조리과 대학생이다. 서울에서 나주의 홍어가 유명하다는 말을 듣고 이곳까지 맛 순례에 나선 것이다.

"하하하, 아주 호된 신고식을 했네요. 정신이 확 드는 이 강렬한 기억이 앞으로 서울로 돌아가서 평범한 음식에 지겨워질 때면 문득문득 떠오를 겁니다."

박씨의 모습을 처음부터 옆에서 빙그레 웃으며 지켜보고 있던 홍어1번지의 안국현 사장의 말이다.

홍어+돼지고기+묵은지 = 홍어삼합, 곰삭음의 왕중왕이다

"참으로 이것은 무어라 형용할 수 없는 혀와 입과 코와 눈과 모든 오감을 일깨워 흔들어 버리는 맛의 혁명이다."

소설가 황석영씨가 '황석영의 맛있는 세상'에서 표현한 홍어의 맛이다. 여기서 말하는 홍어는 바다에서 갓 잡은 홍어가 아니다. 두엄자리에서 며칠 푹 삭아 고약한 냄새가 펄펄 나는 홍어를 말한다. 싱싱한 것과 삭힌 것이 달라도 너무 다르다. 이 정도면 서로 다른 이름이 있을 만한데 그렇지 않은 걸 '조상들의 작명 게으름' 탓으로 돌리기엔 부족하다. 명태란 놈은 동태_{얼린 것}, 북어_{말린 것}, 코다리_{덜 말린 것}, 심지어 명태새끼는 노가리라고 상태에 따라 다른 이름을 지어줬으니 말이다.

다행히 대부분의 사람들에게 홍어란 놈은 푹 삭은 게 홍어다. 황석영씨의 글 내용을 그대로 받아들이는 개념이다. 흑산도 등 산지에서나 맛볼 수 있는 싱싱한 놈은 어부에게나 홍어지, 일반인 특히 뭍사람들에겐 가짜 홍어인 셈이다. 그러니 굳이 이름을 달리할 필요가 없었을 게다.

영산포 홍어는 운명적 곰삭음

홍어 중에는 흑산도 홍어를 최고로 친다. 홍어는 9월부터 다음해 3월까지가 산란기인데 이 때 살맛이 한창 오른 암놈들은 흑산도 부근에서 알을 낳으며 지낸다. 흑산도 겨울 홍어 맛을 더 쳐주는 이유이기도 하다. 그런데 독특하게 나주의 영산포가 홍어의 주산지처럼 인식돼 있다. 실제로도 전국적으로 가장 많은 홍어 도소매점_{30여 곳}이 있고, 해마다 홍어 축제가 열리는 곳도 영산포다. 흑산도 앞바다에서 많이 잡히던 홍어가 어떻게 160km나 멀리 떨어진 영산포까지 와서 유명해졌을까? 그 사연은 고려시대로 올라간다. 공민왕 때 왜구의 침입이 심해지자 섬을 비우는 공도(空島) 정책을 썼다. 말 그대로 섬을 비워서 변방의 백성들을 보호하는 건데, 이 때 흑산도 사람들을 영산포로 이주시켰다. 이들은 배에 홍어 등 각종 생선을 싣고 움직였다. 당시 영산포까지는 뱃길로 일주일 가량 걸렸다. 그런데 배에 싣고 온 생선 중 홍어만이 부패되지 않았다. 오히려 톡 쏘는 맛이 별미인데다 먹어도 탈이 나질 않았다. 오늘날 우리들이 즐겨 먹는 삭힌 홍어의 시발점은 이렇게 '운명적인 곰삭음'에서 비롯된 것이다.

옛날에는 꽁꽁 언 홍어를 짚으로 싸서 따뜻한 두엄자리에 던져 놓았다. 시간이 흐르면서 홍어는 톡 쏘는 맛과 향을 내며 온몸으로 변신한다. 처음 먹는 사람들은 냄새만 맡고도 후다닥 도망을 가지만, 전라도 사람들은 아직도 홍어가 없으면 잔칫상으로 쳐주지도 않을 정도로 홍어의 곰삭은 맛에 푹 빠져 있다.

홍어 삭히는 일은 말처럼 쉽지 않다. 잘못 삭히면 살이 물렁물렁하고 향도 없는 '물홍어'가 된다. '홍어1번지'의 홍어 숙성 냉장창고. 들어서자마자 숨이 턱 막힌다. 금세 눈까지 따가워진다. 군대시절 가스실의 공포가 고스란히 되살아난다. 가늘게 눈을 뜨고 보니 플라스틱 대형용기 수 십 개에 삭고 있는 홍어가 가득하다. '지옥의 향기'란 홍어의 별칭을 뼈저리게 맛봤다.

홍어 곰삭은 맛의 별미, 변비에 최고인 홍어애탕

"전통방식은 아니지만 계절에 맞춰 일정 온도를 유지하면서 홍어를 12일간 발효시켜 손님상에 올립니다. 그렇게 내놓는 게 가장 맛이 좋지요."

40여년 동안 홍어를 삭혀 팔아온 이곳 안사장의 말이다. 이렇게 오늘날 홍어전문점의 홍어는 첨단 설비를 접목한 '계획된 곰삭음'으로 발전했다.

오늘날 홍어는 계획된 곰삭음

한국음식 가운데 개별종목으로 곰삭음의 으뜸을 뽑는다면 단연 홍어다. 맛과 향의 강렬함을 김치·된장·술 등 그

어떤 것도 당해낼 재주가 없기 때문이다. 그럼 단체종목으로 가린다면? 그 역시 홍어가 빠질 수 없다. 바로 홍어가 포함된 '홍탁삼합'이다. 잘 삭은 홍어, 잘 삶은 돼지고기, 잘 익은 김치를 한입에 넣고 막걸리를 들이키는 것이 홍탁삼합이다. 톡 쏘는 홍어 맛, 기름진 돼지고기 맛, 시큼한 김치 맛을 동시에 느끼면서 달달한 막걸리 한 모금을 화룡첨정으로 얹는 맛은 신선들의 맛 놀음이 부럽지 않다. 곰삭음, 즉 발효기간으로 따져도 홍어 열흘, 막걸리 일주일, 여기에 묵은지 삼년까지 더하면 1,112일이나 된다. 물론 수십 년짜리 씨간장이라도 나타나면 한발 주춤할 지도 모르겠다. 그러나 스컹크도 울고 도망갈 홍어의 고약한 냄새, 보기만 해도 몸서리 쳐지는 묵은지의 신맛, 그리고 뱃속 깊숙한 곳에서 올라오는 막걸리의 트림이 합세하면 로켓펀치 한방에 버금가는 위력으로 바로 상대를 제압해 버릴 것이다. 그러니 홍탁삼합이란 어마어마한 폭발력을 갖춘 전투 무리에 속한 홍어를 '곰삭음의 왕중왕'이라고 추켜세워도 부정할 이 없을 게 자명하다.

담양 소쇄원

 전남 담양은 조선 중기 선비문화의 본산이다. 조선 선비의 풍류와 예술, 그리고 정신을 말할 때 담양은 빠져서는 안 되는 고장이다.
 대나무 숲을 헤치고 들어서면 아름드리 꽃나무가 드리워진 계곡을 따라 단아한 정자가 들어서 있고, 이 정자에 호남 사림士林이 모여 시가를 읊으며 풍류를 즐겼다. 담양에 있는 이름난 정자만 헤아려도 면앙정 · 송강정 · 명옥헌 · 소쇄원 · 환벽당 · 취가정 · 식영정 등 다수가 있다. 한국 가사문학은 담양의 정자에서 잉태되었다고 해도 과언이 아니다.

정자와 원림

 우선 정자亭子가 무엇인지부터 살펴보자. 정자는 요샛말로 '별장'과 같은 곳으로 국어사전에서는 '경치가 좋은 곳에 놀거나 쉬기 위하여 지은 집'이라고 정의한다. 영어로는 정자에 해당하는 여러 단어가 있는데, 그 중 'SummerHouse'도 있다. 영락없이 별장이란 말이다.
 그러나 조선의 정자는 유럽의 살롱Salon과 더 유사하다. 뜻이 맞는 사람끼리 모여 풍류를 즐기고 예술을 논하던 장소였기 때문이다. 하여 조선의 정자는 단순한 건물이 아니라 조선의 선비 문화 차원에서 바라봐야 한다.

정자를 이해하려면 원림園林이란 개념도 알아야 한다. 오늘의 국어사전은 원림을 정원이나 공원의 숲이라고 규정하지만, 원림은 그보다 훨씬 더 복잡한 개념이다. 유홍준이 정원庭園과 원림을 비교한 구절을 옮긴다.

> 정원이 일반적으로 도심 속의 주택에서 인위적인 조경작업을 통하여 동산[園]의 분위기를 연출한 것이라면, 원림은 교외에서 동산[園]과 숲[林]의 자연 상태를 그대로 조경으로 삼으면서 적절한 위치에 집칸과 정자를 배치한 것이다. 그러니까 정원과 원림에서 자연과 인공의 관계는 정반대로 된다.
>
> 유홍준, 『나의 문화유산답사기 1』, 278쪽

정원이 자연을 재현한 인공의 공간이라면, 원림은 인간이 첨가된 자연의 공간이다. 인간의 영역에 자연을 강제로 이식

대나무길로 만들어진 소쇄원 입구 ⓒ 이건웅

한 경우가 정원이라면, 자연의 영역에 인간이 포개져 있는 모습이 원림이다. 정원이 서양식이고 일본식이라면, 원림은 자연과 친화를 이루는 우리 고유의 방식이다.

그렇기 때문에 담양의 정자는 단순히 선비의 별장이 아닌 것이다. 자연 안으로 들어가 자연을 최대한 거스르지 않으면서 문화를 향유했던 최소한의 공간이었다. 이러한 점이 담양의 정자만큼 자연과 조화를 이루는 문화유산을 찾기 힘든 까닭이다.

소쇄원의 아름다움

담양에 있는 정자 중에서 가장 아름답다고 손꼽히는 정자는 소쇄원瀟灑園이다. 소쇄원은 무등산을 이루는 한 봉우리인 장원봉에서 흘러내린 시냇물이 다섯 줄기로 흩어졌다가 자그마한 폭포가 되어 연못을 이루는 지점에, 원래부터 그 자리에 있었던 것처럼 문자 그대로 자연스럽게 들어앉아 있다.

소쇄원은 들어가는 길목부터 아름답다. 수십 미터 높이의 대나무가 울창한 숲을 이루고 앞을 가로막고 서 있다. 서걱서걱, 댓잎 우는 소리를 들으며 백 미터쯤 대숲을 지나가야 비로소 계곡이 나온다. 계곡에 접어들면 물가에 들어선 광풍각光風閣이라는 정자가 보인다. '광풍'은 '비가 갠 뒤 해가 뜨며 부는 청량한 바람'이란 뜻으로, 광풍각은 손님을 맞는 사랑방 역할을 했던 공간이다. 이 광풍각에 수많은 선비가 모여 시를 읊고 풍류를 즐겼다. 기대승·송순·정철·백광훈·

고경명·김인후 등은 16세기 호남 사림을 형성한 이름들로써 광풍각을 즐겼던 문인들이다.

　소쇄원은 크게 광풍각과 제월당齊月堂으로 구성된다. '제월'은 '비 갠 하늘의 맑은 달'이라는 뜻으로, 서재로 쓰였던 공간이다. 광풍과 제월의 뜻이 사뭇 중중하다. 제월당은 높은 곳에 있고 광풍각은 낮은 곳에 있다. 제월당은 주인을 위한 사색의 공간이었고, 광풍각은 손님과 함께 시를 읊는 공간이었다.

　여기서 조심해야 할 부분이 있다. 소쇄원은 약 1,400평 규모다. 그러나 두 정자 모두 크지 않고 아담하다. 그런데도 소쇄원을 1,400평 규모라 말하는 것은 소쇄원이 정자 두 채만을 의미하지 않기 때문이다. 소쇄원은 정자 두 채가 들어서 있는 원림 자체를 가리킨다. 소쇄원에 들어서서 정자만 구경하고 돌아가는 것이 아니라 정자가 들어선 자리와 정자가 연출하는 장면 전체를 감상해야 하는 것이다. 자연과 더불어 인식하지 않으면 소쇄원의 아름다움은 발견할 수 없다. '자연스럽다'는 형용사는 이럴 때 써야 한다.

소쇄원이 진정 말하려는 풍경

　소쇄원은 '한국을 대표하는 민간 별서원림別墅園林'으로 불린다. 별서원림을 앞서 말한 원림의 개념과 연결해 풀이하면 '세속을 등지고 은거 생활을 하기 위해 자연의 모습을 거스르지 않고 그대로 유지하면서 만들어놓은 개인 공간'이라

할 수 있다.

그렇다면 누가 세속을 떠나 숨어 살겠다고 소쇄원을 지었을까. 담양 유생 양산보$_{1503~1557}$가 그 주인공이다. 오백 년이 지난 오늘도 조선 으뜸으로 꼽히는 정자의 주인이라지만, 우리는 막상 양산보라는 인물에 대해 아는 게 없다. 어찌 보면 당연한 일이다. 양산보는 벼슬에 오른 적이 없다. 초야에 묻혀 평생을 숨어서 살았다.

양산보는 조광조$_{1482~1519}$의 제자였다. 양산보가 17세 나이로 과거에 급제한 바로 그해 기묘사화가 일어나 스승 조광조가 담양 인근의 화순 능주로 유배되는 사건이 일어났다. 당시 조광조는 젊은 선비에게 시대정신과 같은 존재였고, 그 시대정신이 무너지자 수많은 제자가 벼슬을 버리고 고향으로 내

자연미와 인공미가 어우러진 소쇄원 ⓒ 이건웅

려갔다. 양산보도 그렇게 고향으로 내려간 제자 가운데 하나였다. 그는 고향으로 내려간 뒤 다시는 나오지 않았으며, 평생을 고향 땅에서 살다가 55세에 생을 마감했다. 이처럼 양산보는 스승 조광조를 향한 지조 하나만으로 평생을 숨어서 산 선비였다.

하여 소쇄원에는 세상과 단절을 선언하고 자연 속으로 들어간 선비의 결연한 의지가 배어있다. 소쇄원은 맑고 깨끗한 정원이라는 뜻이다. 이때 맑고 깨끗한 것이 숲과 계곡만을 가리키는 것은 물론 아닐 터이다. 양산보는 소쇄원에 대하여 '절대로 남에게 팔지 말 것. 지금 그대로 모습을 절대로 훼손하지 말 것. 어리석은 후손에게 물려주지 말 것.'이라는 세 가지를 당부하고 죽었다고 한다.

소쇄원은 양산보가 20~30대였던 1520년대 후반부터 1530년대 초반 사이에 지은 것으로 전해지는데, 그로부터 오백 년이 넘는 세월 동안 후손들이 15대에 걸쳐 선조의 말씀을 지키며 살고 있다.

강진 다산초당과 백련사

한 사람이 십 년 세월을 갇혀 살았던 공간이 있다. 남도 끝자락 바닷가 끄트머리, 전남 강진군 도암면 만덕리 산자락에 들어가면 한 남자가 울분을 삼키고 분노를 삭이며 십 년 세월을 버텨낸 자리가 있다. 다산초당, 조선을 대표하는 사상가 다산 정약용$_{1762~1836}$ 유배처다.

죄를 지어 유배된 선비의 거처에 어울림의 정서가 깃들기는 어렵다. 그러나 다산의 유배처로 가는 길은 다르다. 다산은 홀로 강진으로 내려왔지만 강진에서 살았던 18년 세월은 결코 혼자가 아니었다. 남도 아낙의 인심이 있었고, 뜻밖의 장소에서 만난 벗이 있었다.

주막집 노파의 정

다산은 마흔 살이 되던 1801년 신유사옥에 연루되어 강진으로 유배를 떠난다. 그리고 강진에서 18년 세월을 견딘 뒤 쉰여덟 살이 되던 1818년에 해배되어 고향인 경기도 남양주로 돌아간다. 그리고 고향에서 18년을 더 살고 죽는다.

다산은 강진에서 정확히 17년 9개월을 살았다. 처음에는 강진 외곽에 있는 주막에 빌붙어 살았다. 역사에 나오는 강진의 첫 거처 '동문매반가$_{東門賣飯家}$'는 '강진 읍성 동문 밖에 있는 밥집', 즉 주막이다.

> 북쪽 바람 눈 휘몰 듯이 나를 몰아붙여 머나먼 남쪽 강진의 밥 파는 집
> 에 던졌구려
>
> 탐진촌요(耽津村謠) 6

다산이 강진에 도착하여 쓴 첫 작품이다. 다산이 처음 강진에 이르렀을 때 강진 사람들은 겁을 먹고 문짝과 담장을 무너뜨리며 달아났다고 한다. 서울에서 죄를 짓고 내려온 선비를 받아주었다가 혹여 화를 입을까 염려했던 것이다. 다산은 강진읍성 안에 거처를 마련하지 못하고 성 밖으로 쫓겨난다.

다산은 강진읍성 외곽의 작은 주막에서 겨우 자리를 보전한다. 주막의 노파가 다산을 거두어 밥과 방을 내주었다. 다산은 주막에서 낮에는 아이들에게 『소학小學』 등을 가르치고, 밤마다 술에 취한 노랫소리를 견디며 4년을 살았다. 다산이 남긴 수많은 저서 중 『아학편훈의兒學編訓義』는 다산이 주막에서 기식할 때 남긴 것이다. 이 책은 쉽게 말하면 아동용 교재로, 다산이 주막 쪽방에서 어떻게 생활했는지 이 책으로 짐작할 수 있다.

다산은 이 주막에 마땅히 지켜야 할 네 가지 방이란 뜻의 '사의재四宜齋'란 당호를 건다. 주막의 흥청거리는 분위기에도 바른 마음가짐은 잃지 않겠다는 의지가 어려 있다.

늙은 팽나무가 외로이 서 있던 주막 터는 현재 말끔히 복원돼 있다. 강진경찰서에서 동쪽으로 200~300m 거리에 있는데 '사의재'라는 헌판까지 내걸고 관광객에게 차도 내놓

고 막걸리도 판다. 나는 강진에 내려갈 때마다 이 주막을 들르는데, 꼭 주막 뒷마당을 둘러본다. 뒷마당으로 돌아가면 주모와 주모의 딸 동상이 세워져 있다.

역사는 위인이 겪은 서러운 역사만 기억할지 모르지만, 땅은 위인이 남기고 간 흔적도 기억한다. 먼 곳에서 죄 짓고 내려온 남자를 아무런 조건 없이 받아준 남도 노파의 인정이 이 동상에 새겨져 있다. 아무도 알아주는 이 없지만 주모와 주모 딸의 뒷바라지가 없었으면, 다산은 낯선 남도의 땅에서 어찌 되었을지 모르는 일이었다.

백련사 가는 길

주막에서 나온 다산은 강진읍이 내려다보이는 고성사 보은산방과 강진 선비 이학래의 집에서 3년 정도 머무르다, 1808년 봄 만덕산 기슭에 있는 외가의 초가 별장으로 거처를 옮긴다. 그 초가에서 그는 유배가 끝날 때까지 10년 6개월을 산다. 그 초가가 다산초당이고, 그 초가에서 『목민심서』·『경세유표』 등 다산의 주요 저서 대부분이 탄생한다.

다산초당 올라가는 길은 깊은 숲길이다. 한낮에 올라도 짙은 그늘이 드리워져 있다. 구불구불한 산길은 바닥이 온통 울퉁불퉁하다. 뿌리를 내놓은 소나무 때문이다. 소나무길이 끝나는 곳에 초당이 들어서 있다.

다산초당으로 올라가는 산길 / 지상에 드러낸 소나무의 뿌리를 / 무심코 힘껏 밟고 가다가 알았다 / 지하에 있는 뿌리가 / 더러는 슬픔 가운데

눈물을 달고 / 지상에 힘껏 뿌리를 뻗는다는 것을

정호승, '뿌리의 길' 부분

　다산초당은 세 건물로 이루어져 있다. 제자들이 기거했던 서암과 학문을 연구했던 초당, 그리고 다산이 기거했던 동암이다. 초당과 동암 사이에 다산이 직접 팠다고 하는 작은 연못이 있는데 최근 복원되었다. 연못 위쪽에는 지금은 흔적조차 희미한 옛 채마밭이 있다. 여기서 다산이 손수 채소를 길렀다고 한다. 다산이 바위에 새겼다는 '정석$_{丁石}$' 두 글자만이 지금까지 윤곽이 또렷이 남아있다. 정작 다산초당은 그리 오래 머무를 곳이 못 된다. 예전에는 초옥이었겠지만, 지금은

다산길 ⓒ 손민호

번듯한 기와집이 들어서 있어 되레 어색한 기분만 감돈다.

동암 오른편에 천일각이 있다. 다산 시절에는 없던 것이지만 구강포가 내려다보이는 조망이 빼어나다. 다산도 이 자리에서 구강포에 내려앉는 노을을 내려다봤을 것이다. 그리고 소리 없이 눈물을 훔쳤을 것이다.

많은 사람이 여기까지만 둘러보고 실망만 안은 채 돌아간다. 그러나 아직 가볼 곳이 남아있다. 백련사다. 다산초당에서 백련사까지 오솔길이 나있는데, 꼭 이 길로 걸어서 가야 한다. 다산이 백련사에 있는 벗, 혜장스님$_{1772\sim1811}$을 만나러 가던 길이다.

다산은 강진에서 열 살 아래인 백련사 혜장선사와 각별한 우정을 쌓았다. 다산이 남긴 시편을 보면 삼경$_{三更}$, 그러니까 자정 즈음에도 다산은 혜장을 만나러 횃불을 밝히고 이 길을 걸었다. 그렇게 수없이 이 길을 오가며 다산은 혜장에게 유학을 말했고, 혜장은 그 보답으로 불교를 말했다. 그리고 둘 사이에는 차$_{茶}$가 있었다. 만덕산은 차나무가 많아 다산$_{茶山}$이라 불렸다.

다산초당에서 백련사 가는 길은 오 리$_{里}$ 남짓한 산길이다. 쉬엄쉬엄 걸어도 한 시간이면 백련사 경내에 당도한다. 이 길은 혼자서 걸어야 한다. '세상 모두가 나를 등졌다고 느껴질 때 걸어야 한다. 다산도 이 길을 걸으며 설움을 삼켰다. 고개 넘어 벗이 기다리고 있기 때문이었다. 다산은 그렇게 강진에서 어울리며 모진세월을 견뎠다. 여러 학자들이 말한다. 강진에 유배되지 않았으면, 오늘의 다산은 없었을지도 모른다고.

완도 청산도

"옛날에 어디 똥을 남의 집에서 눴간디라. 친구 집 놀러갔다가도 급하면 집에 와서 일을 봤소. 화장실 에티켓이냐고요? 아니제. 똥이 다 거름이어서 남의 집에 보태줄 이유가 없었던 것이제. 얼마나 먹고 살기 힘들었으면 그랬겄소."

완도 청산도에 처음 갔을 때, 아름다워서 숨이 멎는 줄 알았다. 농투성이 노인이 담배 한 대를 빼어 물더니, 옛날엔 참 가난한 섬이었다고 말한다. 청산도 노인의 넋두리에도 불구하고 도회지 사람들은 청산도만 가면 입이 떡 벌어졌다. 세상에! 돌담장길이 구불구불했다. 돌밭 마늘대도 예뻤다. 봄이면 돌담장 너머 밭고랑에다 유채를 심는다. 까만 돌담과 노란 유채가 참 잘 어울렸다. 밭고랑은 직선이 없었고 아지랑이처럼 끝 간 데가 없어 멀리서 보면 끄트머리가 가물가물 했다. 밭고랑 줄 하나에 눈길을 주고 더듬다보면 시선이 흐트러졌다. 논길이 쭉쭉 뻗지 않고 실타래처럼 엉켜있어서다. 청산도는 슬로우 시티다. 먼 옛날 우리 할아버지 세대들이 살던 모습 그대로였다.

많은 한국의 섬이 그렇듯, 바다에서 솟은 산이 바로 섬이 된다. 청산도도 그렇다. 바다 밑에서 봉우리가 고개를 한껏 내밀었다. 청산도는 돌섬이라 어딜 가나 돌이고, 고인돌도 보였다. 고인돌이 있는 것으로 봐서 수천 년 전부터 사람이 살았을 법한데, 섬은 한동안 비어 있었다고 한다. 신라 때만 해도 주민들이 살았다. 해상왕 장보고가 바다를 장악하고 있을 때 청산도에 주민이 있었다. 하지만 나라가 전쟁으로 혼란을 겪을 무렵에는 정부에서 나서 주민들을 살지 못하게 했다. 산에 올라 보면 사방에 섬들이 많지 않다. 아득하게 멀리 보길도가 보이지만 쉽사리 달려갈 수 있는 거리가 아니다. 그러니 왜구나 해적이라도 쳐들어오면 목숨이 위험했을 것이다. 청산도는 고려 말 조선 초까지 텅 비어 있었는데, 왜구의 득세에 사람살기가 만만치 않았기 때문이다. 그러다가 다시 사람이 살기 시작한 것은 16세기부터였다.

망망대해에 외딴 섬, 이런 섬일수록 공동체가 발달할 수밖에 없다. 자신들의 삶을 자기들이 지켜야 하기 때문일 것이다.

"마을 사람들이 다 가족이나 다름없었다니까. 옆집 아저씨도 다 아제였제. 농삿일을 해도 같이 해야 하고, 배를 타도 같이 타야 하는디 안 그러겄소?"

청산도에서 만난 노인은 이웃이 뭍에 있는 피붙이 사촌보다 더 가까웠다고 했다. 섬 생활이라는 것이 서로 힘을 보태지 않으면 힘들다. 근대 어업이 시작되기 전, 청산도 사람들은 고기잡이보다는 농사에 더 의존했다고 한다.

완도 앞바다만 해도 섬이 200개에 달해서 유속이 느리다. 완도는 어업하기가 훨씬 편하다. 수온도 적당해서 경남 통영과 함께 양식장으로는 최적이다. 하지만 청산도는 이런 다도해에서 한발자국 떨어져 있었다. 유속이 빨라서 근대까지만 해도 오히려 어업보다는 농사로 밥 벌어 먹기가 더 쉬웠다는 것이다.

사람들이 이 섬에 어떻게 힘들게 정착했는지를 잘 보여주는 것이 바로 '돌 농경문화'이다. 청산도는 제주도 돌담장 못지않게 시멘트 담장보다 돌담장이 훨씬 많다. 제주도 돌담장은 까만 현무암이 대부분이라면 청산도는 화강암부터 모든 잡돌이 다 섞여있는 듯하다. 밭고랑에도 담을 쌓았다. 여기까지만 해도 제주도와 비슷하지만 청산도에만 있는 것이 있다. 바로 구들장 논이다. 원래 바위섬은 물이 잘 빠지기 마련이다. 돌투성이 섬이니 농사를 지으려고 해도 물이 쑥쑥 빠져버렸다. 이런 물 가둘 곳 없는 땅에 사람들이 만든 것이 바

청산도 당리 서편제 돌담길과 초가집

로 구들장 논이다. 평평한 돌판을 깔고, 그 위에 황토를 얹는다. 황토를 여러 차례 밟고 다지면 물을 가둘 수 있게 되어 거기서 농사를 지었다. 구들장 깔린 논물 아래로는 수로를 이어서 윗논 물이 아랫논 물로 흘러들어가게 했다. 돌덩이를 고르고 날라서 논 부치는 것이 어디 혼자 힘으로 될 일일까. 무너진 논귀퉁이를 보수하는 것이야 혼자 할 수 있지만 땅을 다지고 논을 만드는 데 주민들이 서로 힘을 합치지 않으면 힘든 일이다.

청산도는 그렇게 다듬어졌다. 주민들이 섬을 '만들었다'. 돌 하나하나를 깔고 쌓아서 논과 담장을 세웠다. 푸른 섬이라는 뜻의 청산도靑山島란 이름은 예쁘지만 그 이름 속에는 바로 이런 역사가 들어 있다. 돌무더기만 있었다면 섬은 푸르지 않았을 것이다. 푸르고 아름다운 섬이 된 것은 바로 주민들의 땀이 있었기 때문이다.

농사를 지으면서 청산도는 더 푸르러졌다. 섬이 자신을 띄우고 있는 바다를 닮아갔다. 사람들은 청산도가 아름다워 선산도(仙山島)라고도 불렀다. 선산도란 신선이 사는 섬이란 뜻이다. 주민들 때문에 돌섬은 신선이 사는 섬으로 바뀌게 된 것이다.

1970년대 삼치로 유명했던 청산도는 어선들이 조금 커지고 어업기술이 발달하면서 어업전진기지가 됐다. 굵직굵직한 삼치가 많이 잡혔기 때문이다. 그러다가 1980년대 후반부터 잡는 어업은 사양길로 접어들고, 양식 어업이 주종을 이뤘다. 이 때문에 청산도 근해에는 전복양식장이 많다.

청산도 하면 떠오르는 것은 임권택 감독의 영화 〈서편제〉다. 이 영화를 통해 청산도는 유명세를 얻었다. 〈서편제〉에서 소리꾼 가족이 '진도 아리랑'을 부르며 돌담길을 흥겹게 걷는 장면은 롱테이크로 촬영했는데, 한국영화사에 길이 남을 명장면으로 꼽힌다. 영화에서는 보통 한 장면이 10초 내외인 반면 롱테이크는 장면을 잘라 붙이지 않고 길게 늘어뜨려 찍은 것으로 〈서편제〉에서 이 장면은 5분 10초에 달했다. 롱테이크가 가능했던 것은 황톳길이 쭉쭉 뻗은 직선이 아니었기 때문이다. 길은 구불구불해야 눈 둘 데가 많다. 곧게 뻗은 길은 시선이 한 점에 모인다. 그게 다다. 하지만 굽은 길은 시선이 길을 따라 간다. 눈길을 준다는 것은 바로 이런 뜻이리라.

〈서편제〉가 유명해진 다음 드라마 〈봄의 왈츠〉도 청산도에서 찍었다. 실제로 이 길을 걷기 위해 많은 관광객들이 찾는다. 조망이 시원시원해 왼쪽도 바다, 오른쪽도 바다이다.

바로 그 돌담길 옆 비탈에는 풀무덤인 초분$_{草墳}$도 눈에 띈다.

가족이 죽으면 장례를 치르지 못하고 고기잡이를 떠난 사내를 기다린다. 하염없이 집안에 시신을 둘 수 없어 비탈에 풀무덤을 하나 마련한다. 장례를 치르고 2~3년 뒤 백골을 거둬 격식을 갖춘 무덤에 모신다. 이러한 초분 문화는 남해안의 섬에 많이 남아있다.

과거 민초들의 삶이란 서로의 생활이 이어져 있었다. 남 일과 내 일을 칼 자르듯이 나눌 수 없었다. 서로 돕고 살아야 했다. 청산도에는 이런 공동체의 흔적들이 고스란히 남아있다.

순천 낙안읍성

　1990년대 중반 순천 낙안읍성 민속마을을 처음 찾았을 때 내 첫마디는 "참, 고맙다."였다. 먼지 낀 창틀, 집 주인 대신 인형이 앉아있는 집, 사진이나 찍고 가자고 찾아온 관광객…. 보통 민속마을은 사람 냄새가 전혀 나지 않는다. 마치 식당 앞 전시대의 플라스틱 음식 같은 게 민속마을이다.
　그런데 낙안읍성은 많이 달랐다. 사람들이 진짜 살고 있다. 아버지의 아버지로부터 집을 물려받은 주민들이 살아가고 있었다. 초가 굴뚝에서 연기가 모락모락 피어올랐고, 기둥마다 사람의 손때가 묻어있었다. 마룻바닥은 닳고 닳아서 반질반질하게 윤이 났다. 주민들은 "여기 사람이 살고 있으니 함부로 들어오지 말라"는 경고문을 문설주에 붙여놓았다. 유럽에 갈 때마다 고성 안의 마을을 보면서 부러워했는데 한국에 이런 전통과 역사를 지닌 성곽 마을이 있다니, 나도 모르게 "고맙다."는 말이 나왔다. 낙안읍성은 다행히 오래 버텨줬다. 1397년 토성으로 건축됐고, 15세기 초 세종 때 석성으로 완공됐으니 얼추 600년을 이어왔다. 그냥 그게, 오랜 시간 있어준 것이 참 반가웠다.
　순천에 갈 때 가끔 낙안읍성에 들른다. 먼저 찾는 곳은 성곽길이다. 성곽의 높이는 4m, 둘레는 1.4km 정도다. 성곽에 서는 마을을 내려다 볼 수 있다. 초가가 옹기종기 서로 말을 걸며 붙어있다. 그 모습이 아름답고 평화로우며 보기 좋다.

읍성이란 대개 평지에 있고 성 안에 관아와 민가가 있다. 1630년에 발간된 신증동국여지승람에 179개의 읍성이 기록된 것으로 보아, 조선 초기에는 꽤 많은 성곽이 있었던 것으로 추정된다. 그러나 지금까지 온전히 보존된 곳은 많지 않다. 고창의 고창읍성과 서산의 해미읍성이 그나마 잘 보존되어 있지만 두 곳 모두 주민들이 살지 않는다.

낙안읍성에는 2013년 10월 현재 108가구 260여 명이 살고 있다. 필자가 이 시점에서 궁금한 것은 이런 것이었다. "세월이 많이 흘렀고, 새마을운동 때 지붕 개량 사업도 벌였다. 이엉 대신에 슬레이트를 얹기도 했다. 어떻게 초가를 그대로 보존했을까?"

"새마을 운동 당시 집들이 너무 낡아 지붕개량 사업을 하다가는 집이 무너질 수도 있을 것 같았어요. 당시에는 안 한 게 아니라 못 한 거죠. 그러다 서울이 올림픽 개최지로 선정됐고, 정부가 한국 전통문화가 살아있는 곳을 찾아 외국인들에게 보여주려다 보니 낙안읍성이 눈에 띄었던 겁니다. 1983년에 사적 302호로 지정됐습니다."

낙안읍성 전경

관광객에게 마을 유래를 설명해주는 낙안읍성보존회 명예별감 송갑득씨는 사적지로 지정되기 전인 1970년대 후반 중요민속자료로 지정된 집도 9동이나 있었다고 했다. 요즘 낙안읍성 초가 중 민박을 받는 집들도 수십여 채다.

서로 집안 내력을 꿰뚫고 있는 마을일수록 공동체가 단단하게 마련이다. 과거에는 마을주민들이 대동계도 열고, 대소사를 함께 치렀다고 한다. 현재 이런 풍습은 사라졌다. 대신 정월 보름날, 1626년 인조 때 이 마을에 부임한 임경업 장군을 위한 제사를 지낸다. 임 장군이 하룻밤 사이에 석성을 지었고, 선정을 베풀었다는 전설이 내려온다. 어쨌든 임장군이 마을 수호신이 됐다.

성곽에서 내려와 마을에 들어서면 고샅은 완만하게 휘어져 있고 그 끝머리에 집들이 있다. 돌담장 아래에 맨드라미 같은 꽃들이 빼곡하게 피어 있다. 돌 도랑도 있다. 마을에서는 서당체험, 한지공예체험, 천연염색 체험, 목공예체험, 국악체험, 가야금병창 체험 등 프로그램이 다양하게 운영된다. 문득 "주민들이 프로그램을 운영할까?"란 의구심이 들었다. 큰 틀은 시에서 정하고, 주민들은 적극적으로 의견을 내놓는 수준이란다. 탁배기를 내놓는 주막도 여럿 있다. 주말에는 관광객이 많이 몰려 관광지 같은 느낌이 드는 것이 좀 아쉽다.

낙안읍성을 돌다보면 참 편안한 터에 자리를 잡았다는 느낌이 든다. 편안하고 즐겁다는 낙안樂安이라는 이름과 딱 맞아떨어진다. 이름이 좋다고 했더니, 예부터 '낙토민안樂土民安'

관악민안$_{官樂民安}$'이란 말이 있었다고 한다. 땅이 기름져 먹을 것이 많으니 백성이 편안하고, 관도 즐겁고 백성도 편안하다는 뜻이다. 신증동국여지승람에는 "땅은 넓고 백성은 많이 살며 남방의 형승지로는 이곳이 제일이다."라고 기록되어 있다. 어염시수$_{魚鹽柴水}$도 풍족했다. 즉 생선 · 소금 · 나무 · 물로 생활에 필요한 물품이 넉넉했다는 뜻이다.

낙안읍성에는 백제 때부터 사람들이 정착했다. 벌교 쪽 고읍에 살던 주민들이 왜구의 노략질이 심해져 조선 초 이곳으로 옮겨오기도 했다.

그간 수많은 전란을 겪었을 텐데 어떻게 마을을 보존했을까? 전란은 많았지만 실제로 낙안읍성이 해를 입은 경우는 드물다. 정유재란 때 피해를 입었고, 동학혁명의 와중에는 동학군이 읍성을 점령했다. 기록에 남아있는 기록은 이 정도다.

풍수가 좋은 것일까? 마을의 지세는 여자가 거울 앞에서 단장하고 있다는 '옥녀단장형'이다. 전라도에는 "벌교에서 주먹자랑하지 말고, 순천에서 인물자랑하지 말고, 여수에서 돈 자랑하지 마라."는 우스갯소리가 있다. 혹시 낙안읍성도 미인이 많았을까? 송갑득씨는 "그 말이 낙안을 지칭하는 말이다."라고 했다. 마을 안에 물을 마시면 미인이 된다는 미인샘도 있다고 하면서 말이다.

처음 왔을 때 '초가가 많아서 가난했을 것'이란 생각이 들었지만 선입견이었다. 들은 넓고 먹거리가 많으니 예부터 풍족했다. 읍성 주민들은 지금도 제법 잘 산다고 한다. 낙안 오이와 낙안 배가 유명하다. 맥주 보리를 심어 이모작을 한다. 그래서 연 소득 1억 이상 되는 농가도 꽤 된단다.

과거에는 술과 돌과 소리가 많은 동네라고 소문이 났다. 술을 만들려면 쌀이 넉넉해야 하고, 석성 마을이니 돌은 많았을 것이다.

판소리도 자랑거리다. 동편제 명창인 송만갑의 생가가 낙안읍성 내에 있고, 가야금 병창 오태석씨도 이 마을 출신이다. 송만갑은 융희 황제 앞에서 판소리를 해서 벼슬까지 하사받았다. 먹고 살기 편하니 예술도 발달한 것이다.

세상은 많이 변했다. 재개발 광풍에 불과 30여 년 전의 집들도 보기 힘들어졌다. 부수고 새로 짓다 보니 원형을 찾기 힘든 세상이 됐다. 그런데 낙안읍성이라도 남아 있으니, 얼마나 다행인가. 그저 그것을 지켜내고 끌어온 마을 사람들이 고맙다.

낙안읍성의 초가집

진안 마이산

한국에는 돌탑 문화가 있다. 웬만한 사찰 입구에서는 크지 않지만, 불자들이 돌을 얹어 쌓은 작은 돌탑 하나 둘은 볼 수 있다. 불자들은 부처를 만나러 오가는 길에 정성껏 돌을 얹으며 소원을 빌고, 산에 오가는 사람들이 무사고를 기원하며 돌탑을 쌓았다. 남이 쌓아 놓은 탑 위에 돌 하나 슬며시 보태기도 한다. 작은 돌탑이 아니라 제대로 쌓은 돌탑들도 있다. 마을 어귀에도 악귀를 물리치라고 탑을 세워놓는다. 돌탑을 세운 사람들의 면면은 다르겠지만 마음은 비슷하지 않았을까 싶다.

진안 마이산$_{673m}$ 탑사에는 기기묘묘한 탑 80여 기가 서 있다. 절에서 세운 불탑과는 생김생김이 다르다. 기단과 탑신, 옥개석을 갖추지 않고 둥글둥글한 돌덩어리를 뭉쳐 쌓았다. 원추형으로 마치 물방울이 굳은 것처럼 생겼다. 어떤 아이는 키세스 초콜릿을 키워놓은 것 같다고 했다. 탑의 어원은 인도어 스투파이다. 스투파가 타파, 탑으로 변했다. 스투파는 부처의 무덤을 뜻한다. 탑은 그래서 신성하게 여겨져 왔다.

가장 큰 탑은 대웅전 뒤의 천지탑이다. 밑 부분은 한 몸처럼 붙어 있지만 3분의 1 지점에서 양쪽으로 나뉘어 솟았다. 음양오행사상이 깃들어 있다고 해서 오방탑이라고도 하고, 부부탑이라고도 한다. 그냥 마구 쌓아놓은 것 같지는 않

마이산 돌탑군 ⓒ 진안군

고, 그렇다고 시멘트나 접착제를 써서 붙여놓은 것은 아닌 것 같은데, 희한하게도 큰 바람이 불어도 무너지지 않는다. 피뢰침 같은 이런 탑들이 탑사 골짜기를 따라 곳곳에 서 있다.

탑돌은 단단한 데, 탑사 기슭의 마이산 바위 벼랑을 만져 보면 푸석푸석하다. 벼랑 표면에 구멍이 숭숭 뚫려있는데, 구멍마다 비둘기들이 들어앉아 천연 새집이 됐다. 이런 지형을 타포니라고 한다. 푸석푸석한 것은 역암 지층이기 때문인데, 역암이란 자갈이 섞인 바위라는 뜻이다. 9,000만 년 전부터 1억 년 전 사이 호수가 융기해 생겼다고 한다.

탑 쌓는 돌은 어디서 구해 왔고, 누가 탑을 세웠을까? 탑사에 가면 관광객들이 가장 궁금해 하는 것이 이 부분이다.

탑사는 이갑룡 처사가 세웠다고 주장한다. 1860년에 태어난 이갑룡 처사는 효령대군 16대 손인데, 스물다섯에 마이산에 들어와 솔잎으로 생식을 하며 수행하던 중 탑을 쌓았단다. 구한말의 시대 상황은 한치 앞을 보기 어려울 정도로 혼란스러웠다. 외세를 물리치자며 동학군이 봉기했고, 임금은 동학군을 토벌하라고 지시했다. 동학군을 이끈 전봉준은 1895년 서울로 압송돼 사형 당했다. 이런 혼란기에 이 처사가 신의 계시를 받고 축지법을 써서 돌들을 가져오고, 탑을 세웠다는 주장이다. 80기나 되는 탑을 혼자 쌓았다는 것도, 축지법을 썼다는 것도 상식적이지는 않다. 마치 무협지에 나올법한 이야기다.

오래 전 탑이 존재했다는 설이 있다. 18세기 담락당 하립의 시에 "속금산(마이산)에 탑이 많은데, 붉은 단풍 속에 종소리

마이산 돌탑 ⓒ 진안군

울리네."라는 구절이 나오는 것으로 보아 마이산 돌탑의 역사는 최소한 200년 이상은 될 것이라고 한다. 하립은 1769년 영조 때 태어나 1830년 사망했으니 이갑룡 처사보다는 100년 정도 앞서 산 사람이다.

어찌 됐든 탑을 쌓은 사람들은 끈기 있게 돌을 끌어다가 탑을 쌓았을 것이다. 돌덩이의 무게가 얼마나 무거운데, 이걸 지게에 지고 산비탈까지 들어간다는 것이 쉬운 일이겠는가. 보통 일은 아니었을 것이다. 그렇게 온갖 정성을 들여 탑이 한 기 한 기 완성됐을 것이다.

여기서 또 궁금증이 생긴다. 왜 진안 마이산 골짜기에다 탑을 세웠을까?

옛 사람들은 신비한 지형을 보면 뭔가 있을 것이라고 생각했다. 마이산의 산세는 다른 산과는 다르다. 영락없이 말의 귀같이 생겼다. 반세기 전만해도 진안은 무주, 장수와 함께 심심산골의 대명사인 '무진장'으로 불렸다. 이런 오지에 들어갔다가 특이한 산세를 본 사람들은 신비감을 느꼈을 것이다.

또 산과 탑은 신앙의 대상이었다. 돌은 단단해서 변하지 않음을 상징한다. 옛 사람들은 돌탑이 액운을 막아준다고 생각했다. 풍수지리설에서는 지세가 약한 곳에 탑을 세워 지세를 보완했다.

풍수설에 따르면 마이산의 지세는 활이 한양을 겨루고 있는 형국이라고 한다. 마이산이 그 활의 손잡이부분이다. 그래서 마이산의 옛 이름을 화살촉을 묶는다는 뜻의 속금산束金山으로 지었는지 모른다. 진안鎭安이란 이름의 의미도 백제 유민들을 편안하게 다스린다는 뜻이니, 뭔가 풍수적인 생각이 깃들어 있다.

태조 이성계와 얽힌 전설도 있다. 고려 말 남원 운봉에서 왜구를 물리친 이성계가 꿈에서 국가를 잘 경영하라는 계시와 함께 금척$_{금으로 된 잣대}$을 받았는데 바로 그 산이 마이산이란 것이다. 조선시대 궁중에서 경사스러운 잔치가 있을 때마다 추던 몽금척$_{夢金尺}$이란 춤도 태조가 마이산에서 금척을 받은 내용이다.

당시 사람들은 마이산의 산세를 보고 신령하다고 믿었을 것이다. 탑사에서 10여분 정도 걸으면 은수사인데, 은수사 앞에서 바라본 수마이봉은 마치 코끼리처럼 보인다. 이 수마이봉에는 사시사철 석간수가 흘러나오는 화엄굴이 있다. 화엄굴의 샘물을 마시면 아들을 낳는다는 속담이 전해져 내려온단다.

사시사철 분위기도 판이하다. 봄에는 안개 속에 우뚝 솟은 두 봉우리가 쌍돛배 같다 하여 돛대봉으로 불렸고, 여름에는 수목 사이에서 드러난 봉우리가 용의 뿔처럼 보인다 하여 용각봉$_{龍角峰}$이라고 한다. 가을에는 단풍 든 모습이 말 귀처럼 보인다 해서 마이봉, 겨울에는 눈이 쌓이지 않아 먹물을 찍은 붓끝처럼 보인다 해서 문필봉$_{文筆峰}$이라 부르기도 한다. 크기로 보면 그리 높지도 않은 마이산에 금강산이나 지리산처럼 이름이 여러 개인 것을 보면, 옛사람들이 마이산을 보통의 산으로 보지는 않았던 듯하다. 신비해 보이는 마이산에선 민초들의 돌탑 신앙을 짐작해 볼 수 있다. 자식 놈 행복하게 해달라거나, 시집간 딸 구박당하지 않게 해달라는 그런 민초들의 소원 하나 하나가 탑으로 화한 것이다.

화순 운주사

도대체 이런 못난이 부처들을 누가 만들었을까? 1980년대 중반 화순 운주사를 처음 찾았을 때 번득 떠오른 생각은 이곳의 부처들은 참 평범하다는 것이었다. 부처에게 무슨 양반과 상놈이 있을 것이며, 부와 가난이 있겠는가? 그런데, 운주사의 부처들은 부처 같지 않았다. 부처가 아닐지 모른다는 상상까지 들었다. 생김생김이 하나같이 천했다. 부처란 번뇌를 초월해 구름 위에 앉은 듯 존엄해야 하는데 가난에 찌든 사람처럼 보였다. 부처라기보다는 장돌뱅이나 소작농 같았다.

전라도 광주에서 화순 너릿재를 넘어 마을길을 한참을 타고 파고들면 운주사가 나타난다. 대개 고찰이 있는 절은 숲이 깊고, 움푹하며 산들이 높다. 야트막한 봉우리들이 한발자국 물러난 곳에 절이 앉아 있었다. 절 마당 옆으로는 실개울이 흘렀다. 1990년대까지만 해도 일주문도 없었다.

사람에도 표정이 있듯이, 불상에도 표정이 있다. 불국사 석가탑의 부처는 천상지존의 위엄이 느껴진다. 서울 용산 중앙박물관에 있는 국보 제73호와 제78호 금동미륵보살반가사유상은 어디를 봐도 귀티가 난다. 웃을 듯 말 듯 표정으로 턱을 괴고 있는 반가사유상은 범속한 세상 사람들과는 달라 보여 품격이 느껴진다. '백제의 미소'로 불리는 서산 마애삼

존불은 환한 아이의 얼굴을 하고 있다.

그런데 운주사 돌부처들은 어떤가 보자. 못생겼다. 코도 닳아서 뭉툭해졌고, 눈동자도 또렷하지 않았다. 아예 얼굴이 뭉개진 돌부처들도 있다. 그들은 필부의 얼굴과 비슷했다. 그나마 잘 지어진 기와법당에 부처가 앉아있는 것도 아니었다. 바위틈에 기대어 불상 세 개가 서 있었는데, 영락없이 장에 갔다 돌아오는 길에 비를 피해 잠시 쪼그려 앉아있는 듯한 모양새였다.

탑들도 못났다. 탑이 높고 많기는 하나 고품질의 화강암도 아닌 바윗돌을 대충 깎아 세운 것 같은 탑이었다. 탑의 모양도 제각각이었다. 다보탑처럼 화려하지도 않았고, 석가탑이나 감은사지석탑같은 조형미도 없다. 호떡같이 생겨서 호떡탑, 실패 모양의 실패탑, 항아리처럼 생겨서 항아리탑, 이도 저도 아닌 걸레탑_{동냥치탑}…. 사람들이 붙인 이름마저 가벼웠다. 석탑에 새겨진 문양도 특이하다. 날렵한 비천상이나, 연꽃 문양이 아니라 '××, ◇' 등의 그림이 새겨져 있다.

운주사에는 이런 못난이 석탑이 17기, 못난이 부처 80여 기가 있다. 세상에 이런 부처도 있는가? 누가 비 맞는 부처를 누가 세웠고, 못난이 탑을 깎았을까?

부처와 탑을 깎고 세우는 것은 큰 공사다. 이렇게 많은 불상과 탑을 세웠다는 것은 뭔가 이유가 있다. 과거에는 불탑이 1,000기, 석불이 1,000기나 됐다고 한다. 누가 언제 창건했는지 기록은 남아있지 않다. 1481년에 편찬된 동국여지승람에는 "운주사는 천불산에 있으며 절 좌우 산에 석불 석탑이 각

운주사 천불천탑 ⓒ 화순군

일천 기씩 있고 두 석불이 서로 등을 대고 앉아 있다."라고 쓰여 있다. 운주사에 대한 또 다른 기록으로는 1632년 조선 인조 때 발간된 능주읍지가 있다. 여기서는 "지금 폐찰 됐다."는 글이 있는 것으로 보아 정유재란으로 소실된 것으로 보인다. 전설에는 신라 말 도선국사가 나라의 국운을 바로 세우기 위해 도력을 부려 하룻밤에 각 1,000기의 석탑과 석불을 세우다가 안타깝게도 닭이 우는 통에 한 쌍의 불상은 일으켜 세우지 못했다고 한다. 운주서 뒷산에는 누워있는 돌부처가 있는데, 사람들은 이 부처가 일어나면 새 세상이 온다고 믿었다.

미륵 신앙을 살펴보자. 미륵불이란 석가모니가 열반에 든 뒤 56억 7,000만 년이 지나 다시 사바세계를 찾는 부처이다. 기독교로 치면 메시아다. 소설가 황석영은 운주사 와불에서 모티브를 얻어서 대하소설 『장길산』에 그럴싸한 이야기를 풀어냈다. 의적 장길산이 민중들과 함께 새 세상을 꿈꾸며 천불천탑을 세우려다 실패했던 혁명의 땅으로 묘사했다.

학계에서는 불탑의 양식 등으로 보아 12~13세기 고려 때 건립된 것으로 추정한다. 사람들은 왜 이곳에 이렇게 많은 부처를 세웠을까. 절이 들어선 12~13세기는 고려의 무신들이 정권을 장악했던 시대였다. 13세기 중반 칭기즈칸의 손자 바투 칸이 이끈 몽골군은 헝가리와 폴란드까지 침략했다. 그야말로 세계 최강의 군대였다. 무신정권을 이끌었던 최우, 최항 집안의 사병이었던 삼별초는 치열하게 대몽항전을 벌였으나 역부족이었다. 삼별초는 진도와 제주도까지 쫓겨 갔고, 나라꼴은 말이 아니었다.

그때 사람들의 심정은 어땠을까. 종교에라도 의지하고 싶은 심정이었을 게 분명하다. 몽골의 침입을 불심으로 막아보자는 판단에 13세기 중엽 정부가 대장도감을 설치하고 1237년부터 1248년까지 고려대장경을 새겼다. 호국불교의 전통이 강했던 고려인은 국난을 맞으면 불교에 의지해왔다. 신라인들도 비슷했다. 경주 감은사는 문무왕이 왜병의 침입을 경계하기 위해 짓기 시작해 그의 아들 신문왕 대에 완성됐다.

호국신앙은 한국인의 끈기와 맥락에 닿아있다. 언제 위험이 닥칠지 모르지만 내빼지 않고, 버티고 앉아 불탑을 세웠다. 말발굽 소리에 행여 적이 올까 마음도 흔들렸을 테지만 묵묵하게 돌을 깎고, 나무판에 글을 새겼을 것이다. 나라의 운명이 촛불처럼 흔들리던 때 세계 최강의 군대에 불심으로 맞섰다.

운주사 돌부처와 탑은 기술적인 역량으로 봐서 정부가 직접 나서서 지은 것은 아닌 것 같다. 지역 권세가가 마을 사람들을 동원해 천불천탑을 세웠을지 모른다.

말이 천 개의 탑, 천 개의 불상이지 어디 간단한 일이겠는가. 하루 이틀 끝나는 작업이 아니라 대를 이어 일했을지 모른다. 농사꾼도 달라붙어 돌을 쪼았는지 운주사의 돌부처들은 백성들의 얼굴을 하고 있다. 운주사 돌부처는 그래서 피안의 부처가 아니라 사바 세상 사람들을 닮았다.

꽃방석에 앉아있는 천년고찰의 부처들은 인간의 몸을 떨쳐버리고 해탈한 신이다. 운주사의 돌부처는 고려인의 모습이 있다. 그 기나긴 세월 끈기 하나로 버티면서 미륵 세상을 기다리고 있는 것이다.

고창 서정주: 신선도 미소 짓는 해학

　　서정주 시인은 전북 고창 부안면 선운리에서 태어났다. 그의 고향은 흔히 '질마재'라고도 불린다. '질마'는 소나 말이 수레를 끌 때 등에 얹는 안장을 뜻하는 '길마'의 전북 사투리다. 선운리 마을 양쪽 언덕 사이에 안장처럼 생긴 고개가 있다고 해서 '질마재'라는 속칭이 붙었다고 한다.

　　서정주는 1972년부터 고향 질마재를 소재로 한 시를 잇달아 발표하더니 3년 뒤 시집 『질마재 신화』를 펴냈다. 서정주는 산업화 물결이 한국 사회를 휩쓸던 시대에 근대 이전의 토속적이고 주술적인 징험(徵驗)에 기반을 둔 질마재 마을 이야기를 들려줬다. 서정주는 질마재에서 보낸 유년 시절을 바탕으로 고향 마을을 재현하는 데 그치지 않고 질마재를 한국의 토속적 공동체의 원형으로 승화시키는 솜씨를 보여줬다. 근대화로 인해 한국인이 잃어가고 있는 전통 풍속과 설화의

ⓒ 손민호

세계를 되돌아보게 한 것이다. 서정주 덕분에 질마재는 고창의 한 마을에 머물지 않고 한국인의 심성 깊은 곳에 자리 잡은 근원 정서의 공간으로 거듭났다.

　서정주의 시는 질마재 사람들에 얽힌 일화와 그 지역 방언과 풍광을 적절하게 활용한 이야기를 넉살좋게 풀어놓으면서 사실과 환상을 넘나드는 서사의 힘을 발휘했다. 이러한 힘은 서정주가 '부족 언어의 마술사'로 불릴 수 있도록 해 주었다. 서정주가 질마재를 이야기체로 그린 시는 자유분방하면서도 웃음과 넉살이 가득한 말솜씨를 활달하게 구사했다. 『질마재 신화』는 구수하고 웅숭깊고 곰삭은 한국적 해학의 진수를 맛보게 한 시집이었다.

　평론가들은 시집 『질마재 신화』에서 시 '상가수(上歌手)의 소리'를 가장 많이 꼽는다.

"질마재 상가수의 노랫소리는 답답하면 열두 발 상무를 젓고, 따분하면 어깨에 고깔 쓴 중을 세우고, 또 상여(喪輿)면 상여머리에 뙤약볕 같은 놋쇠 요령 흔들며, 이승과 저승에 뻗쳤습니다"

이 시에서 '뙤약볕 같은 놋쇠 요령'이란 이미지는 청각과 촉각의 결합이다. 폐부에 와 닿는 주술적 소리의 힘을 감각적으로 뜨겁게 형상화했다고 해서 여러 시인들로부터 절창이란 소리를 들어왔다.

이 시에서 상가수는 마을 공동체의 희로애락을 노래하는 예인藝人이었고 그의 노랫소리엔 마을 사람들을 정서적으로 잇는 주술이 담겨있기에 샤먼의 역할도 했다. 그런 상가수는 아침에 똥오줌 항아리를 들여다보면서 머리손질을 한다. 은근히 해학이 담긴 묘사다. "거길 명경明鏡으로 해 망건 밑에 염발질을 열심히 하고" 있는 상가수의 진지한 표정을 상상만 해도 웃음이 비실비실 새나오기 마련이다. 지상에서 가장 더럽고 구역질나는 똥오줌 항아리를 외면하기는커녕 제 얼굴을 단장하기 위해 가장 맑고 깨끗한 거울로 삼았으니 말이다. 그것은 가장 비루한 것에서 가장 고귀한 것을 찾아내는 해학의 역설이 아닐 수 없다.

농촌 사회에서 똥오줌은 배설물 덩어리이기도 하지만 동시에 땅을 기름지게 하는 성스런 거름이기도 하다. 상가수는 그런 똥오줌 항아리를 거울로 치환하는 태도를 통해 그 항아리 속의 내용물을 자기 노랫소리의 거름으로 삼았다고 볼 수 있다. 그래서 시인은 이렇게 노래했다.

"명경도 이만큼은 특별나고 기름져서 이승 저승에 두루 무성하던 그 노랫소리는 나온 것이 아닐까요?"

상가수가 똥오줌 항아리에 제 얼굴을 비춰보듯 시인은 비루한 세속의 사람살이를 들여다보면서 시를 써낸다는 시론$_{詩論}$을 해학적으로 풀어낸 셈이다.

『질마재 신화』는 해학의 신화집이라고 할 수 있다. 질마재 사람들은 해학으로 묘사된 신선$_{神仙}$의 삶을 산다. 시집에 등장하는 질마재 사람들의 원시적 주술의 힘에 대한 집착이 무지$_{無知}$에서 비롯되기에 독자들에게 웃음을 터뜨리게 한다. 그러나 질마재 사람들은 자연을 분석적 앎의 대상이나 정복의 대상으로 삼지 않는다. 그들은 자연을 삶의 동반자로 여기고 땅에서 일어나는 일을 하늘의 뜻에 비추어 풀이해 상생의 공동체 윤리를 지혜롭게 만들어낸다. 그런 질마재 사람들은 지상에 내려와 사람의 탈을 쓴 채 민초로 살아가는 신선$_{神仙}$들처럼 보인다.

시 '신선 재곤이'는 질마재에서 앉은뱅이로 살다가 간 사내 이야기다. 장애인이지만 땅 위에 살 자격이 있다고 해서 이름이 '재곤'이었다는 사내다. 마을 사람들은 그런 재곤이에게 먹을 것을 주고 도와줬다. "재곤이가 만일에 제 목숨대로 다 살지를 못하게 된다면 우리 마을 인정은 바닥난 것이니, 하늘의 벌을 면치 못할 것"이라고 마을 사람들은 생각했다고 한다. 그런 재곤이가 흔적도 없이 사라지자 마을 사람들은 천벌을 두려워하며 마음을 졸였다. 그러나 마을 영감이 재곤이의 넋을 위로하는 해석을 내놓아 마을 사람들도 안심시켰다. 재곤이는 거북을 닮았으니 "그 긴 목숨을 여기서 다 견디기는 너무나 답답하여서 날개 돋아나 하늘로 신선살이를 하러 간 거여"라는 얘기였다.

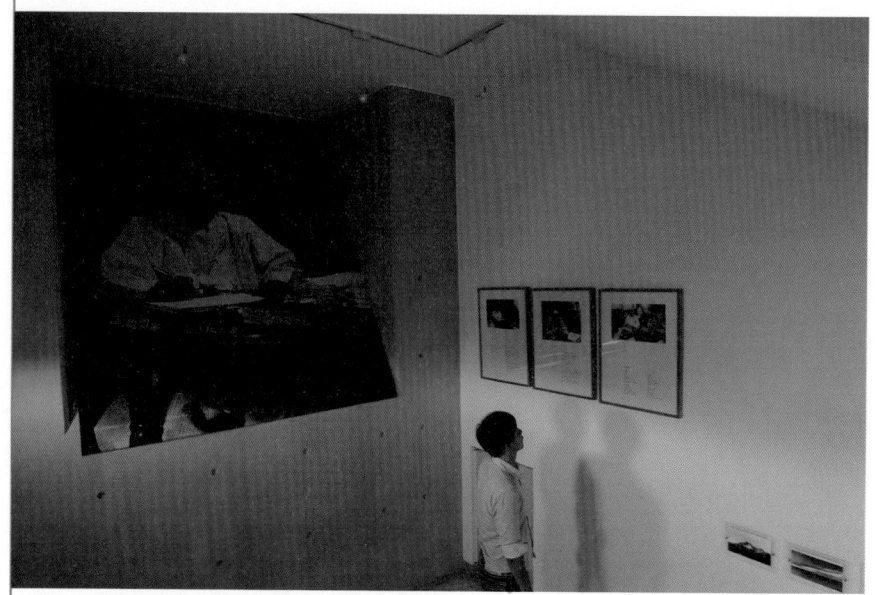
미당시문학관 ⓒ 손민호

앉은뱅이를 신선으로 만드는 설화적 상상력의 날개는 어처구니가 없다. 거기에 고개를 끄덕이는 마을 사람들의 모습은 근대적 시각에서 보면 우스꽝스럽기만 하다. 그러나 여기에 담긴 해학은 고통 받는 이웃을 외면하지 않고 보듬으면서 죽음까지 끌어안아 극복하려는 숭고한 정신을 보여준다. 선량하고 소박한 질마재 사람들의 해학 기질은 삶과 죽음을 아우르는 것이다. 서정주가 시로 쓴 우화는 신선들도 빙긋 웃게 만들 만큼 재미있다.

그런가 하면 시 '풍편風便의 소식'은 '기회 보아서'란 사내와 '도통이나 해서'라는 사내 두 사람의 호방하고 여유로운 우정을 잔잔한 미소와 함께 음미하게 한다. 두 사내는 바람이 불어 산골짜기의 수풀과 나뭇잎이 한쪽으로 기울면 서

로 상대방이 걸어오는 것으로 여기고 적당한 곳에서 마중 나
오기로 한다. 그런 옛날이야기를 전해들은 질마재 사람들은
소식이 없던 벗이 찾아오면 이렇게 말하며 산다.

"거 자네 어딜 쏘다니다가 인제사 오나?
그렇지만 풍편(風便)으로 소식 다 들었네."

바람 속에 그리움과 반가움을 교차시키는 질마재 사람들
은 바람처럼 가벼운 웃음을 짓고 산다. 해학꾼들의 자유분방
하고 넉넉한 웃음소리가 들리는 듯하다.
이밖에 『질마재 신화』에는 오줌발이 센 아낙네, 애정 편
력이 심하다고 소문난 아낙, 영감 아흔 아홉 명이 속에 들어
앉았다는 무당집 머슴 아이, 아이를 낳지 못해 남편에게 소
실을 얻어줬지만 웃음 짓고 사는 아낙네가 산다. 질마재 부
근의 선운사 승려와 추사 김정희 사이에 얽힌 이르기까지 옛
사람들 이야기가 줄줄 이어진다. 『질마재 신화』는 민초들
의 생활 지혜였던 토속적 해학에 시인의 심미적 감성이 합쳐
진 한국 시문학의 보물이 아닐 수 없다.

진도 씻김굿

"해원상생解寃相生의 신명 난 춤 혹은 막춤"

우리에게 잘 알려진 민태원1894~1935의 「청춘예찬」의 앞 구절이다.

> 청춘(靑春)! 이는 듣기만 하여도 가슴이 설레는 말이다. 청춘! 너의 두 손을 대고 물방아 같은 심장의 고동을 들어 보라. 청춘의 피는 끓는다. 끓는 피에 뛰노는 심장은 거선(巨船)의 기관같이 힘 있다. 이것이다. 인류의 역사를 꾸며 내려온 동력은 꼭 이것이다.

우리 민족에게 이 '청춘'에 해당하는 것이 있다면 무엇일까? '신명神明 남' = '신바람 남' 아닐까?

신명이 나면 어디서나 펄펄 힘이 살아나 사람들과 어울려 노래하고 춤춘다. 한 마디로 열정이 많다. 그래서 일까? 『산해경山海經』에서도 "조선이라는 나라 사람들은 물가에 살며 남을 가까이하고 사랑한다."고 기록하였다. 우리 민족은 산과 물을 좋아하고, 언제 어디서든 함께 어울려 놀기를 좋아한다. '술 마시고 노래하고 춤을 추는' 것을 좋아한다. "근심을 털어놓고 다 함께 차차차"하며, 관광버스에서 몇 시간을 쉬지 않고 '막춤'일명 '관광버스 춤' 추는 사람들을 보면 마치 굿판에서 춤추며 뛰는 무당을 보는 듯하다. 어느 이름 난 교회의 열렬한 기도 모습이 그렇고, 품바의 모습이 그렇고, 각설이 타령이 그렇고, 시장 리어카 위에 서서 뛰며 물건 파는 아저씨들이 그렇다. 모두 '신명神明 난' 모습, '신내림 받은' 무당의 모습이다. 범부 김정설은 우리 피 속에는 고대의 유풍遺風으로 이러한 샤먼의 피가 흐른다고 보았다.

무당은 인간과 신을 중재하는 역할이다. 신을 부르고, 맞이하고, 기원하고, 신의 말씀을 전하고, 신을 떠나보내는 굿의 모든 과정은 무당이 관장한다. 우리 문화에서 무속은 시대에 따라 바뀌면서 그 생명성이 지속되어왔다.

한국의 여러 굿 가운데서 '씻김굿'은 죽은 사람의 영혼을 '씻겨줌'으로써 저승으로 천도하는 제의이다. 이 굿은 전라남도 진도珍島에서도 세습무에 의해 전승되었다. 씻김굿은 망자의 해원解寃을 통해 그 가족들에게 편안함을 주는 것이다. 망자의 맺힌 원과 한을 풀어주고 씻겨줌으로써 저승으로 천도하는 것이다. 원과 한을 풀어주는 씻김굿에서 이승이나 저승에서도 개인의 원한은 감정적 잔재로 남아있다. 생전의 원한을 풀어주고 씻겨준다는 굿의 연행連行에서 한을 푸는 것은 '흥'에 달려있다. 보통 흥興은 중국 고대에서 마음을 일으켜 세우는 시詩의 수사법修辭法의 하나로 말해지나, 원래 흥은 '주술 언어'이다. 즉 흥은 신의 이름을 '시=노래로 읊는=부르는' 행위에 속한다. 신을 다시 만나기 위해서는 그를 '불러내는=일으키는' 상징적 행위인 '흥'에 의해 '신명이 나는' 것이다.

굿이 연행되는 동안 끊임없이 이어지는 굿 음악은 악보

가 없는 음악이다. 무당의 연행에 따라 매번 달라진다. 이처럼 즉흥 음악인 굿은 '망자=귀신'의 말을 풀어내어 한을 씻어버린다. 여기서 망자의 해원이 성취된다. '씻김'굿은 '흥'으로써 '한을 풀어내는= 씻어내는'굿인 것이다.

우리 역사와 문화 속에는 '한$_{恨}$'이 많다. "술 마시고 노래하고 춤을 춰 봐도 가슴 속엔 하나 가득 슬픔 뿐이네"$_{송창식의 노래 「고래사냥」 중}$처럼, 아무리 술을 마시고 노래를 하고 춤을 춰봐도 풀리지 않고 가슴 속에 남은 응어리가 많다. 이것을 풀어내어 함께 어울려 살도록 하는 것이 해원상생$_{解冤相生}$이다. '해원'이란 누명을 쓰거나 하여 부당하게 억울함을 당하여 죽은, 그 '분$_{憤}$하고 억울$_{抑鬱}$함=원통함'이다. 굿, 씻김굿의 저변에는 이런 '한'·'억울함'·'원통함'·'막힘'을 풀어 '상생$_{함께 살고 살려줌}$'을 이끌어내는 기능이 있다. 전통 사회에서는 굿이 수시로 여기저기서 행해졌다.

물론 굿을 하는 무당의 신성성은 미신으로 치부되어, 금기되는 예가 많았다. 『고려사$_{高麗史}$』 「열전$_{列傳}$」에서 역동$_{易東}$ 우탁$_{禹倬}$이 영해사록$_{寧海司錄}$으로 부임하였을 때 그 지방사람들이 팔령신$_{八鈴神}$을 섬기는 것을 보고 방울을 부수어서 바다에 빠뜨렸다는 이야기가 그 하나이다. 특히 성리학을 기반으로 한 조선에서는, 표면의 사대부-양반-남성에게는 유교가, 저면의 '서민 이하-여성'에게는 무속·샤머니즘 자리한다.

한편 정치적으로 종교적으로 탄압을 받았던 굿의 모습은 최제우의 「용담검무$_{龍潭劍舞}$」에서 볼 수 있다. 「용담검무」는 최제우가 종교적 수행을 위해 제자들과 함께 추던 검무를 일컫는다. 이 검무는 최제우가 1861년 한울님의 계시를 받고 지은 「검결劍訣」의 노래에 맞춰 춤을 춘다. 가사 중에 "좋을시고 좋을시고 이내신명 좋을시고"는 모두 하나가 되어 신명나는 검무를 추는 모습이 그려진다.

어쨌든 굿은 우리 문화 깊숙이 정착한다. "굿이나 보고 떡이나 먹지."쓸데없는 간섭을 하지 말라는 뜻으로 쓰는 말이다. 여기서 '굿'은 '재미있는 구경거리'를, '떡'은 굿판에서 얻을 수 있는 '먹거리'를 말한다. "굿에 간 어미 기다리듯 한다."는 말에서 알 수 있듯이, 굿 구경을 간 어머니가 가지고 올 떡을 기다리는 자식의 마음을 표현하였다. 몹시 기다린다는 말이다. 이런 예에서 보듯이, 굿은 전통 시대에 흥겨운 구경거리이며, 그런 굿판이 끝나면 으레 함께 떡을 나눠먹는 잔치가 따르는 법이었다. 굿판이 벌어지는 날은 온 마을이 시끌벅적하다. 이런 들썩거림을 "야단굿 났다"라고 표현 한다. 여기서 야단惹端은 '야기요단惹起鬧端'의 준말로 시끄럽고 떠들썩한 것을 가리킨다. 야단 즉 '떠들썩하게 일을 벌이거나 수선을 떤다'는 것은 '굿판의 현장성'을 묘사한 관형어이다.

굿은 즐거운 구경거리이자 야단스러움으로 떠들썩한 비 일상의 공간이자, 성과 속이 만나는 신성의 공간이다. '흥'으로써 '한을 풀어내는=씻어내는' 씻김굿은 우리 문화 속에서 사회의 긍정적 힘을 이끌어내는 코드로 보인다.

장수 논개사당

천의 얼굴을 한 예의

조선 선비들, 그리고 선비정신을 지닌 사람들의 '예의'는 공동체 즉 국가나 민족이 위기에 처했을 때 '의리義理', '절의節義', '충절忠節', '절개節槪', '지조志操' 등등으로 얼굴을 드러낸다. 뿌리는 하나인데 상황이나 대상에 따라서 수많은 가지로, 이 파리로, 꽃으로 천의 얼굴을 보인다는 말이다. 우리나라 전통 유교사회에서는 그랬다.

수주樹州 변영로卞榮魯, 1897-1961가 「거룩한 분노는/종교보다도 깊고,/불붙는 정열은/사랑보다도 강하다./아, 강낭콩 꽃보다도 더 푸른/그 물결 위에/양귀비꽃보다도 더 붉은/그 마음 흘러라.」「논개」고 노래한 논개論介, ?-1593. 진주의 촉석루에서 적장을 안고 남강으로 뛰어든 그녀. 남성들이 일으킨 전쟁에 희생된 조선의 여성이다. 그녀는 드물게도 사당에 모셔졌다. 양귀비꽃처럼 붉은 정열로, 짧은 생애를 살다간 논개에 대한 최초의 기록, 유몽인柳夢寅의 『어우야담於于野談』에서는 이렇게 기록하였다.

"논개는 진주의 관기다. 1593년 김천일이 이끄는 의병이 진주성에서 왜군과 싸웠는데, 진주성이 함락되어 의병이 패하자 진주성의 백성들도 함께 죽었다. 논개는 진하게 화장하고 의복을 곱게 차려 입은 채 촉

논개 영정

석루 아래 가파른 바위 꼭대기에 서 있었다. 그 아래 만길 낭떠러지는 곧바로 강의 물결로 떨어질 듯했다. 한 무리의 왜인들이 논개를 보며 미모에 반했으나, 아무도 감히 가까이 오려 하지 않았다. 그러던 중 한 왜인이 논개 앞으로 다가가려 하자 논개가 웃으면서 그를 맞이했다. 왜인이 장차 그녀를 유인하려 했는데, 드디어 그 왜인을 끌어안은 채 강물로 몸을 던져 함께 죽었다."

남쪽에 의기義妓 논개가 있다면, 북쪽에는 평양기생 계월향桂月香. ?~1592이 있다. 그녀는 평안도 병마절도사 김응서金應瑞의 애첩이었는데, 임진왜란 때 왜장 고니시 유키나가小西行

長의 부장副將에게 몸을 더럽히게 되자 적장敵將을 속여 김응서로 하여금 적장의 머리를 베게 한 뒤 자신은 자결하였다. 한용운은 그녀에게 시를 바쳤다.

"계월향이여, 그대는 아리땁고 무서운 최후의 미소를 거두지 아니한 채로 대지(大地)의 침대에 잠들었습니다./나는 그대의 다정(多情)을 슬퍼하고, 그대의 무정을 사랑합니다. 「계월향에게」"

임진왜란 때 보인 조선인들의 애국과 충절 같은 국가나 민족에 대한 예의는 적군의 마음까지도 감복하게 한다. 왜장倭將 사야카沙也可, 1571~1642, 조선명(金忠善)는 임진왜란 때 가토 기요마사加藤淸正의 좌선봉장으로 내침하였으나, 조선의 문물이 뛰어나고 유교적 예의를 흠모하여 경상도병마절도사 박진朴晉에게 귀순하였다. 이후 김해金海 김씨 성과 충선忠善이라는 이름을 하사받고, 진주목사 장춘점張春點의 딸과 혼인하여 우록동友鹿洞: 현재 대구광역시 달성군 가창면에 정착하여 살면서 가훈·향약 등을 마련하여 향리교화에 힘썼다. 이러한 내용들이 『모하당문집慕夏堂文集』에 남아있다.

1925년 9월 일본 대심원 특정법정의 공판에서 조선 한복 차림으로 법정에 출정한 22살의 청년은 재판관을 '그대'라 부르며, "나 박열은 피고가 아니다."며 당당하고 떳떳하게 첫 공판에 임했다. 박열朴烈, 본명은 朴準植, 1902~1974은 1923년 4월 일본에서 불령사不逞社를 조직하여 본격적인 의열 투쟁을 추진하였다. 마침 일본 태자의 결혼식 소식을 전해 듣고, 암살을 계획하고 폭탄을 반입하려다가 일본 경찰의 취조 중에 그 계획이 드러나 구속. 사형 선고를 받은 뒤, 재판장에게 말한다. "수고했네. 내 육체야 자네들 맘대로 죽이지만, 내 정신이야 어찌하겠는가." 항일운동을 위해 18세의 어린 나이에 동경에 건너가 여러 유학생 단체에 가입하여 사회주의와 아나키즘에 몰두하였다.

 1907년 7월 14일 네덜란드 헤이그에서 "대한독립 만세! 세계 약소국가 만세!"의 외침을 뒤로 신성한 선혈을 뿌리며 순국한 이준_李儁, 1859-1907_ 특사, 그는 이역만리의 타국 땅에서 조선인들의 가슴 속에 독립의 불꽃을 피웠다. 고종황제에게 특사의 명을 받고 나오면서 그는 시 한수를 남겼다. "헤이그 밀사로 갔다 뜻을 이루지 못하고 죽음을 택하게 되면, 어느 누가 청산에 와서 술잔 부어 놓고 울어주려나._海牙密使一去後, 唯何盃酒靑山哭_"

 조선조 마지막 성리학자이자 도학자인 간재_艮齋_ 전우_田愚, 1841~1922_는 국권상실의 상황에서 "죽을 때까지 일제가 지배하는 육지를 밟지 않겠다."며 유학자로서 국가에 대한 마땅한 예의를 지키기_守義_' 하기 위해 68세의 나이에, 공자가 말했던 것처럼, 뗏목을 타고 바다로 나아간다. 그는 평생 동안 서양과 일본의 물건을 쓰지 않았으며 죽을지언정 호적은 고칠 수 없다고 하였다. 여기서 그치지 않았다. 간재는 1910년 한일합방 소식에 비분을 참지 못한다. 급기야 육지를 떠나 서해의 왕등도_旺嶝島_, 신시도_新時島_에서 강학활동을 펼치다가 73세 때 전라북도 부안의 계화도_界火島_에 정착하였다. 그의 의리 정신은 계화도를 왕래하며 배운 1,500여명의 학생들을 통해 전국으로 퍼져 나갔다.

　이처럼 국가나 민족에 바치는 의리는 천의 얼굴로 드러난다. 남녀노소를 불문하고, 그들의 영혼에서 삶과 인간의 바탕을 위해 마음에서 우러나오는 예의를 갖춘 것이었다. 그러한 정신을 가르친 것이 유교였다.

채용신蔡龍臣의
간재 전우초상

구례 운조루

누구나 뒤주 열고 쌀을 가져가게 하라

　베풂과 나눔을 실천한 적선지가(積善之家)로 구례 운조루(雲鳥樓)도 유명하다. 전남 구례군 토지면 오미리에 있는 이 집은 조선 영조 때 낙안군수를 지낸 류이주가 지었다. 풍수지리상 금환낙지(金環落地)라 하여 예부터 명당자리로 꼽혔다. 처음엔 99칸이었는데 현재는 70여 칸으로 줄었다. 문중 문서에는 883마지기의 농토가 있었고 구한말에만 해도 농사를 짓기 위해 한 해에 200~400여 명이 동원됐다고 기록돼 있다.

　운조루 입구의 표지판에 따르면 오미리마을은 지리산 노고단의 옥녀가 형제봉에서 놀다가 금가락지를 떨어뜨린 금환낙지의 형상이다. 남한 3대 길지로도 알려져 있다. 위쪽에 금거북이 진흙 속으로 들어가는 모양의 금구몰니(金龜沒泥), 중간에 금환낙지, 아래쪽에 다섯 가지 보석이 모여 있는 오보교취(五寶交聚)의 명당이 있다는 말도 전해져 온다.

　금환낙지는 운조루가 차지했지만 오보교취의 명당을 찾기 위해 많은 사람들이 몰려들어, 조선총독부 호구조사 결과 1918년 70호에 350명이었던 인구가 4년 만에 148호 744명으로 불어났고 광복 무렵에는 300여 채나 됐다고 한다.

　집터를 잡으면서 땅을 파보니 아이 머리만한 돌거북이

출토됐다는 얘기가 전해진다. 보통은 돌거북 출토 위치가 안방이 돼야 하지만 그렇게 하면 아궁이 불로 거북이 말라 죽는다며 명당의 혈 자리에 물을 가장 많이 사용하는 부엌을 배치했다고 한다.

운조루로 들어서면 긴 행랑채와 연못이 먼저 나온다. 연지의 다리를 건너면 대문과 행랑채가 양 옆으로 이어져 있다. 대문에는 류이주가 문경새재를 넘다 물리쳤다는 전설의 호랑이 뼈가 걸려 있다. 이는 잡귀나 병마, 액운이 집 안으로 들어오지 못하도록 막기 위한 것이다.

운조루에는 세 개의 사랑채가 있었는데, 큰사랑채와 아랫사랑채만 남아 있고 안사랑채는 소실됐다. 큰사랑채는 바깥주인이 손님들과 문우들을 접대하고 대화를 나누던 곳이다. 아랫사랑채는 장성한 아들이 공부하던 곳이다. 큰사랑채 뒤쪽에는 과거를 준비하는 공부방이 있다. 여기서 공부한 자손들이 5대째 장원급제를 했으니 이 집에서는 중요한 공간이다. 외부와 단절되어 있고 안채와도 거리가 있으며 출입문도 작아 공부에 전념할 수 있도록 했다.

눈치 보지 않고 마음껏 퍼갈 수 있게 배려

운조루에서 가장 중요한 것은 큰 뒤주다. 뒤주 아래에 가로 5cm, 세로 10cm 크기의 구멍이 있는데 구멍 마개에 '타인능해$_{他人能解}$'라는 글씨가 씌어 있다. 누구나 열고 쌀을 마음대로 가져가도 좋다는 뜻이다. 원래 한 개의 구멍에 꽂혀 있

구례 운조루 앞마당 ⓒ 구례군

는 나무를 돌리면 다른 한 개의 구멍에서 쌀이 쏟아져 나왔다고 한다. 그러나 안타깝게도 여기에 꽂혀 있던 나무는 도둑을 맞았다고 한다.

통나무를 깎아 만든 원통형의 뒤주에는 쌀 세 가마니가 들어간다. 이 뒤주는 굶주리는 이를 위해 항상 개방돼 있다. 류이주는 한 달에 한 번씩 뒤주가 비면 쌀을 가득 채우라고 했다고 한다. 한 해에 대략 200여 석의 쌀을 수확했는데 어떤 때는 전체 소출량의 20%를 베풀기도 했다. 대개는 30여 가마를 해마다 이웃들에게 내놓았다고 한다.

이 집에서 태어나 평안도병마절제사를 지낸 유억의 일화에도 이 얘기가 나온다. 말년에 고향으로 돌아온 그가 하루는 뒤주를 열어봤더니 쌀이 많이 남아 있었다. 그는 즉시 며느리를 불러 "뒤주에 쌀이 남아 있다는 것은 덕을 베풀지 않았다는 증거이므로 당장 사람들에게 나눠주어라."고 말하고 매달 그믐날에는 쌀이 한 톨도 남아 있지 않게 하라고 지시했다.

이 뒤주는 중간사랑채와 큰사랑채에서 안채로 통하는 헛간에 있다. 쌀을 얻기 위해 눈치를 보며 오다 다른 사람과 눈이라도 마주치면 얼마나 불편할까 하고 미리 배려한 것이다. 주인과 쉽게 마주칠 가능성이 적은 곳에 뒤주를 두는 그 마음만 봐도 이곳의 정이 얼마나 세심하고 깊었는지를 알 수 있다.

이 같은 주인의 선심을 알고 있었기에 마을 사람들도 가능하면 쌀 퍼 가는 것을 자제했고 더 힘든 이웃을 위해 양보했다. 더 열심히 일해서 가난을 벗어나고자 하는 자극제로 삼기도 했다. 결국 뒤주를 개방한 운조루의 마음과 뒤주여는 일을 자제했던 마을 사람들의 마음은 같은 것이었다.

또 하나, 이 집엔 지붕 위로 솟은 굴뚝이 없다. 굴뚝은 예상치도 못한 곳, 눈에 잘 띄지 않는 곳에 숨어 있다. 건물 아래 기단基壇으로 구멍을 내 이곳으로 연기가 빠지도록 해 놓았다. 부잣집에서 밥 짓는 연기가 피어오르면 끼니를 거른 이웃들이 더 가슴아파할 까봐 마음을 쓴 것이다. 높은 굴뚝이 없으니 아궁이에 불을 피우면 온 집 안에 눈이 매울 정도로 연기가 자욱했다는데 그래도 식구들은 누구 하나 불평하지 않았다고 한다.

빨치산 총구도 녹인 나눔의 정

동학혁명과 여순사건, 6·25 전쟁을 거치면서도 운조루가 멀쩡했던 것은 바로 이런 나눔 정신 덕분이었다. 지리산 빨치산에 가담한 이 집안 머슴들도 운조루를 불태우는 것은 극구 만류했다고 한다. 빨치산들이 마을에 내려올 때 류씨 집안사람들은 미리 피신할 수 있도록 머슴들이 하루 전날 귀띔해줬다는 얘기도 전해져 온다. 운조루 뒤편 봉우리가 바로 빨치산의 본거지였던 지리산 노고단이다. 서로를 따뜻하게 보살피는 인정의 힘은 죽창이나 총마저도 무뎌지게 했던 것이다.

현재 운조루에서 옛 영화를 떠올리기는 쉽지 않다. 논밭

구례 운조루 전경 ⓒ 구례군

이 남아 있긴 해도 보통 농가와 다를 것 없는 시골 살림이다. 안채 부엌은 지금도 사용하고 있다. 아궁이 연기가 자연 훈증 역할을 해 벌레는 먹지 않는다고 한다. 부엌에 들어섰을 때 매우 어두워 음식이나 제대로 할 수 있었을까 싶지만 사랑뒷마당으로 연결되는 문 판자 틀 사이의 틈으로 간간이 스며드는 햇빛이 내부를 밝히고 있다. 18칸의 긴 행랑채 용도도 예전과 많이 달라져서 서행랑은 창고와 헛간으로 쓰고 있다.

 그러나 주춧돌과 기둥은 옛 정취를 간직하고 있다. 다양한 크기의 자연석을 그대로 쓴 주춧돌은 주변과 조화롭게 동화하려는 주인의 심성을 그대로 보여준다. 큰사랑채의 누마루를 떠받치는 주춧돌만 8각 기둥으로 세워 천지인의 사상을 엿보게 한다.

일반 사대부 주택에서 사용할 수 없는 둥근기둥도 몇 군데 보인다. 큰사랑채 마루와 안채의 전면 마루 부분, 사랑 뒷마당 옆 독방의 기둥이 그러한데 사각기둥과 함께 공간의 배치를 여유롭게 하기 위한 것이다. 운조루의 담장들도 맞물려 닫혀 있는 게 아니라 조금씩 틈을 두고 있어 동선의 흐름을 따라 유기적으로 이어진다.

그리고 보니 운조루가 '구름 속의 새처럼 숨어사는 집'이라는 의미도 이제 조금 알 것 같다. 사방 마을에 가난한 사람이 없도록 하기 위해 쌀뒤주 문을 열어놓으면서도 자신을 드러내지 않고 구름 속의 새처럼 숨어 살던 적선과 인정의 집이라는 것을.

제주올레 - 이울림

제주올레

걷기여행의 의미

요즘 부쩍 자주 보이는 레저 용어 중에 트레일$_{Trail}$이 있다. 우리말로 번역하면 '걷기여행 길' 또는 '도보여행 길' 정도가 된다. 트레일은 원래 오솔길처럼 작은 길을 의미했다. 그러나 지금은 걷는 행위가 여행의 한 방법으로 인식되면서 의미가 확장됐다. 트레일은 여행 중에 만난 모든 길을 포함한다. 깊은 숲을 가로지르는 길이기도 하고, 마을에 난 고샅이기도 하고, 험한 고갯길이기도 하다. 트레일이라는 낱말 안에는 걷기여행이라는 여행의 방법이 포개져 있다.

트레일이라는 단어의 득세는 우리의 여행 방법이 변화하고 있다는 사실을 가리킨다. 이동 방법이 중요해지면서 목적이 되는 장소는 되레 의미가 약해졌다. 레저 부문에서는 이와 같은 변화를 '점 여행'에서 '선 여행'으로 이행했다고 설명한다. 점을 찍는 여행, 그러니까 관광지 방문이 목적인 여행은 이동 과정을 생략하게 마련이다. 그러나 선을 그리는 여행은 여정 자체가 여행을 의미한다. 목적보다 과정이 중요하게 된 것이다.

하여 걷기여행은 느린 여행이다. 인간의 여행 방법 가운데 가장 느린 방법이어서 주위와 어울릴 수밖에 없는 여행이다.

제주올레 축제 모습 ⓒ 손민호

길이 지나는 마을에서 만난 할머니와 어울리고 길섶의 풀과 나무와 어울린다. 사소한 발견과 우연한 만남 하나하나가 여행을 구성하고 완성한다. 걷기여행은 혼자 떠나도 혼자만의 여행이 아니다. 늘 누군가 곁에 있는 여행이다.

    그래서 걷기여행은 선진국 형의 여행 방식이다. 여행이 일탈이나 향락의 방법이 아니라 치유와 위로의 방법이라는 인식은, 적어도 제주도에 트레일이 생기기 전만 해도 우리 것이 아니었다. 2007년 9월 17일 제주도 서귀포시 성산읍 시흥초등학교에서 제주올레 1코스 개장식이 열린 뒤 모든 게 바뀌었다. 우리의 여행도 세상과 어울리는 일이 되었다.

제주올레에 대하여

　제주올레는 현재 우리나라를 대표하는 트레일이다. 2012년 11월 24일 21코스가 개장하면서 제주올레는 해안선을 따라 제주도를 한 바퀴 도는 둘레길을 완성했다. 제주올레는 26개 코스_부속 코스 5개 포함_로 구분되고 전체 길이가 422km에 달한다.

　제주올레는 서명숙이라는 사람의 의지의 산물이다. 23년간의 기자 생활을 접고 스페인으로 날아가 천 년 묵은 순례길이라는 '카미노 데 산티아고$_{Camino\ de\ Santiago}$'를 35일간 걷고 난 뒤 자신의 고향인 제주도에 낸 길의 이름이 제주올레다. 그런데 왜 올레일까. 제주 방언인 올레는 표준어로 풀이하면 고샅 또는 골목길 정도가 된다. 그러나 올레에는 골목길 이상의 의미가 포개져 있다. 서명숙의 증언을 옮긴다.

이중섭 생가 ⓒ 손민호

> 자기 집 마당에서 마을의 거리 길로 들고나는 진입로가 올레다. 어릴 적 엄마는 "맹숙아, 아방 와심냐 올레에 나강 보라."라고 시키곤 했다. 밀실에서 광장으로 확장되는 변곡점, 소(小)우주인 자기 집에서 우주로 나아가는 최초의 통로가 올레다. 자기네 집 올레를 나서야만 이웃집으로, 마을로, 옆 마을로 나아갈 수 있다. 올레를 죽 이으면 제주뿐만 아니라 지구를 다 돌 수도 있다. 제주를 걷는 길에 딱 들어맞는 이름이었다.
> 서명숙, 『놀멍 쉬멍 걸으멍 제주걷기여행』, 40~41쪽.

본래 길이란 세상과 세상을 잇는 통로다. 이 세상은 오로지 길에 의해서 다른 세상과 어울리고 뒤섞인다. 올레는 더욱이 골목길이다. '나'라는 우주가 '세상'이라는 우주로 소통하는 창구다.

제주올레는 마을과 마을을 잇는 길이어서 되바라진 유명 관광지를 향하지 않는다. 하여 올레길은 하나같이 좁고 휘어져 있다. 폭 1미터 제한, 제주올레가 잊힌 옛길을 찾아 복원할 때의 원칙이었다. 사람 한두 명 걸어가는데 그리 넓을 필요가 없었다. 바닥에 시멘트나 아스팔트가 깔려 있으면 최대한 피하려고 애를 썼다. 포장이 된 도로는 인간을 위한 길이 아니라 자동차를 위한 길이기 때문이다. 제주올레로 인하여 사람은 사람의 길을 되찾았고, 비로소 사람의 속도를 회복했다.

제주올레 그리고 우리

제주올레는 참 많은 걸 바꾸어 놓았다. 우선 제주도를 여행하는 방식이 바뀌었다. 렌터카 운전하고 다니며 기껏해야

2박 3일이면 충분했던 제주도 여행이 일주일이고 한 달이고 죽죽 늘어났다. 점을 찍는 여행이 아니라 선을 그리는 여행으로 바뀌었기 때문이다. 요즘에는 제주올레에 빠져 제주도에 내려와 사는 이른바 '제주 이민자'도 속출하고 있다.

제주올레가 마을과 마을을 잇는 길이어서, 제주올레를 걷는 올레꾼도 마을을 지나고 마을에서 머물게 되었다.

올레꾼이 마을 안으로 들어오면서 작지만 의미 있는 변화가 속속 생겨났다. 말하자면 제주올레는 제주의 실핏줄 경제에 생기를 불어넣었다. 동네 구멍가게가 새 상품을 들여놓기 시작했고, 침체됐던 전통시장이 활기를 띠었다. 펜션과 모텔이 올레꾼을 위한 게스트하우스로 거듭났고, 허름한 멸치국수 집이 별안간 제주 맛집으로 떠올랐다. 제주올레는 단지 '길'일 따름이지만, 이제는 단순히 '길'만을 의미하지 않는다. 길과 길이, 나아가 사람과 사람이, 세상과 세상이 서로 어울리는 장면을 가리킨다.

중요한 건 제주올레 이후 우리나라가 걷기여행 열풍에 휩싸였다는 사실이다. 문화체육관광부에 따르면 2013년 10월 현재 전국에는 걷기여행 길이 486개가 있고 코스도 1,171개가 있다. 지리산 둘레길, 군산 구불길, 강릉 바우길, 해파랑길, 부산 갈맷길, 강화 나들길, 변산 마실길, 북한산둘레길 등 전국 방방곡곡에 수많은 트레일이 생겨났고 전국 방방곡곡에서 수많은 사람이 트레일을 걷고 있다. 우리나라 국민의 여행 방식이 불과 5~6년 만에 확 바뀐 것이다.

요즘의 걷기여행 열풍이 제주올레만의 힘일까. 우리가 세상과 어울리고 소통하는데 목말라 있어서는 아닐까. 타인과 어울리고 세상과 소통하는 우리네 기질을 제주올레가 세상에 끌어낸 것은 아닐까. 제주올레의 가장 큰 성과는 사람과 사람의 만남, 그들이 흥겨이 어울리는 장면을 복원한 데 있을지 모른다.

저자약력

고두현 – 정, 역동성
시인·한국경제신문 논설위원. 지은 책으로 시집 『늦게 온 소포』, 『물미해안에서 보내는 편지』, 시에세이집 『마흔에 읽는 시』, 『시 읽는 CEO』, 『옛시 읽는 CEO』, 독서경영서 『미래 10년 독서 1, 2』, 『독서가 행복한 회사』 등이 있다.

박해현 – 해학
조선일보 기자. 1986년 중앙일보에 입사했다가 1990년 조선일보로 옮겨 문화부에서 문학과 출판, 연극을 담당했다. 1999~2004년 조선일보 파리 특파원을 지냈다. 문화부 기자로 일하다 2010~2013년 논설위원을 역임했다. 현재는 조선일보 문화부 문학전문기자로 재직 중이다.

손민호 – 자연스러움, 어울림
중앙일보 기자. 1998년 중앙일보에 입사해 사회부, 문화부 문학 담당 등을 거쳐 10년째 여행레저 기사를 쓰고 있다.
혼자 쓴 책으로 『손민호의 문학터치 2.0』, 함께 쓴 책으로 『김영갑』, 『바다를 걷다 해안누리길』이 있고, 기획한 책으로 『남이섬에 가고 싶다』, 『안녕 다정한 사람』, 『I love Korea!』 등이 있다.

유지상 – 곰삭음
전 중앙일보 음식기자로 10년 넘게 맛나는 기사를 써왔다. 해태제과, 한국소비자원에도 근무한 경력이 있어 음식분야에선 현장을 꿰뚫어보는 안목 있는 전문가로 꼽힌다.
저서로 『유지상의 테마 맛집』, 『내 남자의 앞치마』, 『일본요리 쏙쏙 골라먹기』 등이 있다.

최병준 – 공동체, 끈기

1991년 경향신문에 입사했다. 여행담당기자로 모두 15년 정도 일했다. 경향신문에서 국내 최초로 여행섹션 '트래블'을 만들었다. 『바람이 길을 묻거든』, 『책과 여행과 고양이』, 『우리는 강원도로 떠난다』 등 여러권의 책을 썼다. 현재 경향신문 사회부장으로 재직중이다.

최재목 – 흥, 예의

현재 영남대학교 철학과 교수. 동아시아의 철학사상·문화를 비교하는 것 외에 동서양의 문학·미술·음악에도 관심이 많다. 이것은 최근 쓴 『동양철학자, 유럽을 거닐다: 최재목 교수의 유랑·상상·인문학』에 잘 드러나 있다. 시인으로 등단하여 『잠들지마라 잊혀져간다』 외 시집이 있다.

황병기

한국국학진흥원 책임연구위원. 지은 책으로 『다산보고, 한국학의 두 시선』, 『길 위의 인문학』(공저), 『다산, 조선의 새 길을 열다』(공저), 『경북의 유학과 선비정신』(공저), 『조선의 주자학과 실학』(공저) 등이 있다.

한국 문화유전자 지도

ⓒ 2013 한국국학진흥원

2013년 12월 31일 초판 1쇄 발행
2014년 2월 15일 초판 2쇄 발행

엮은이 | 한국국학진흥원
지은이 | 고두현, 박해현, 손민호, 유지상, 최병준, 최재목, 황병기
펴낸이 | 안우리
펴낸곳 | 스토리하우스

편　집 | 권연주 · 하수진
디자인 | 이주현
등　록 | 제 324-2011-00035호
주　소 | 서울시 영등포구 영등포동 8가 56-2
전　화 | 02-2636-6272 **팩스** | 0505-300-6272
이메일 | whayeo@gmail.com
ISBN | 979-11-85006-03-1 03900

일원화 공급처 (주)북새통
주　소 | 서울시 마포구 서교동 465-4 광림빌딩 2층
전　화 | 02-338-0117 **팩스** | 02-338-7161
이메일 | bookmania@booksetong.com

값: 15,000원

이 책은 저작권법에 따라 보호받는 저작물이므로 무단전재와 무단복제를 금지하며 이 책의 내용물 전부 또는 일부를 이용하려면 반드시 저작권자와 스토리하우스의 서면동의를 받아야 합니다.
잘못 만들어진 책은 구입한 곳에서 바꿔드립니다.